कल्कि

दसवें अवतार का उदय

मिथकों के रहस्यों और पौराणिक आख्यानों को आज के परिप्रेक्ष्य में प्रस्तुत करती पुस्तकें आज युवा पाठकों की पहली पसंद हैं। आशुतोष गर्ग, हिंदी में माइथोलॉजी के जाने-माने लेखक हैं। उनकी पुस्तकें 'अश्वत्थामा' और 'इंद्र' काफी चर्चित रही हैं। यह उपन्यास मनुष्य और प्रकृति के बीच मौजूदा संघर्ष के माध्यम से आपको एक नई दुनिया में ले जाता है। मेरा विश्वास है कि आशुतोष और उनके सुपुत्र अत्रि का यह नवीन प्रयास अपने कथ्य और शैली से पाठकों की पसंद बनेगा और हिंदी लेखन में नए आयाम खोलेगा।

—निशांत जैन

IAS अधिकारी एवं लेखक

कल्कि
दसवें अवतार का उदय

आशुतोष गर्ग
अत्रि गर्ग

विद्या विहार, नई दिल्ली

प्रकाशक : विद्या विहार,
19, संत विहार (पहली मंजिल) गली नं. 2, अंसारी रोड, नई दिल्ली–110002
 / संस्करण : 2025 / मूल्य : तीन सौ रुपए
मुद्रक : आर–टेक ऑफसेट प्रिंटर्स, दिल्ली ISBN 978-93-89471-21-2

KALKI : Dasaven Avatar Ka Udaya
by Ashutosh Garg • Atri Garg ₹ 300.00
Published by **VIDYA VIHAR**
19, Sant Vihar (First Floor), Street No.2, Ansari Road, New Delhi-110002

कल्कि
दसवें अवतार का उदय

आशुतोष गर्ग

अत्रि गर्ग

विद्या विहार, नई दिल्ली

प्रकाशक : विद्या विहार,
19, संत विहार (पहली मंजिल) गली नं. 2, अंसारी रोड, नई दिल्ली–110002
 / संस्करण : 2025 / मूल्य : तीन सौ रुपए
मुद्रक : आर–टेक ऑफसेट प्रिंटर्स, दिल्ली ISBN 978-93-89471-21-2

KALKI : Dasaven Avatar Ka Udaya

by Ashutosh Garg • Atri Garg ₹ 300.00

Published by **VIDYA VIHAR**

19, Sant Vihar (First Floor), Street No.2, Ansari Road, New Delhi-110002

भगवान् विष्णु
के
श्रीचरणों में

प्रस्तावना

यह उपन्यास बेतरतीब ढंग से हो रहे विकास तथा नाजुक वातावरण के बीच लगातार बढ़ते संघर्ष को दरशाता है, जिसने प्रकृति पर बुरा असर डाला है। इस कड़े संघर्ष ने छोटे-बड़े अनेक तरह के जीव-जंतुओं की प्रजातियों को लुप्त होने के कगार पर पहुँचा दिया है। लेकिन यह ध्यान रखना जरूरी है कि हर प्राणी की भूमिका एक-दूसरे से जुड़ी है और किसी एक की जगह दूसरे को देने से इको सिस्टम को क्षति पहुँचती है।

हमें पता है कि विकास और पर्यावरण के बीच सामंजस्य होना बेहद जरूरी है। हम यह भी जानते हैं कि सृष्टि के नियमों की अवहेलना होने पर प्रकृति किस तरह बदला लेती है और एक झटके में मनुष्य के किए को मिटा देती है। फिर भी चारों ओर बेतरतीब विकास और प्रकृति का शोषण जारी है, जिससे पर्यावरण को भारी क्षति हुई है।

'कल्कि : दसवें अवतार का उदय' बीती एक शताब्दी के दौरान हुए अव्यवस्थित विकास और उसके बाद हुए विध्वंस की कहानी है। जैसे हर कथा में एक नायक होता है, जो बुराई पर अच्छाई की जीत का प्रतीक बनकर उभरता है, उसी तरह इस उपन्यास में भी प्रकृति के साथ हो रहे खिलवाड़ को रोकने के लिए 'कल्कि' अवतार अत्याधुनिक हथियारों और दैवी शक्तियों के साथ प्रकट हुआ है। मुझे लगता है कि प्रकृति और इस धरती को बचाने के लिए हमें बहुत से कल्कि चाहिए। लेकिन कल्कि को इतने अवतार लेने की जरूरत नहीं है, क्योंकि इस संकट से निजी व संस्थागत स्तर पर लड़ने के लिए हम सबके भीतर कल्कि की शक्ति और सामर्थ्य पहले से मौजूद है।

कल्कि दसवें अवतार का उदय प्रकृति के संरक्षण और इनसान द्वारा हो रही गलतियों को रोकने की दिशा में महत्त्वपूर्ण और सराहनीय प्रयास साबित होगा। इसके लिए आशुतोष गर्ग, उनके होनहार पुत्र अत्रि को हार्दिक बधाई!

—दीपिका बाजपेयी, IFS अधिकारी

भूमिका

"मुझे नहीं पता, तीसरे विश्व युद्ध में किन हथियारों का प्रयोग होगा, लेकिन इतना तय है कि चौथा विश्व युद्ध लकड़ियों और पत्थरों से लड़ा जाएगा!"

मशहूर वैज्ञानिक अल्बर्ट आइंस्टीन के इस कथन से लगता है, उन्हें अंदाजा था कि तीसरा विश्व युद्ध यदि हुआ तो दुनिया इस हद तक बरबाद हो जाएगी कि मानव सभ्यता लौटकर आरंभिक अवस्था में पहुँच जाएगी, जब इनसान पाषाण युग के आदि मानव की तरह पत्थर व लकड़ी से औजार बनाता था और पशुओं की तरह रहता था। तीसरा विश्व युद्ध अभी तक हुआ नहीं है, लेकिन कई बार लगता है कि वह अधिक दूर भी नहीं है!

इक्कीसवीं शताब्दी के दो दशक बीत चुके हैं और इनसान ने इतनी तरक्की कर ली है कि वह अपने ग्रह के रहस्यों को जान लेने के बाद अब ब्रह्मांड की परतें खोलने को व्याकुल है। विज्ञान ने मनुष्य को पंख दिए, तकनीक ने उनमें साहस भरा और अब हम अपनी प्रतिभा द्वारा संभावनाओं के अनंत आकाश में उड़ान भरने को तैयार हैं। मनुष्य ने विज्ञान और चिकित्सा की सहायता से जीवन को दीर्घायु करने में अभूतपूर्व सफलता हासिल की है। इस सफलता ने इनसान को इतना उत्साहित कर दिया है कि वह प्रयोगशालाओं में नवजीवन तैयार करने की योजनाएँ बना रहा है। लेकिन इस बेमिसाल प्रगति ने इनसान से उसका संतोष छीन लिया है। वह भौतिक चीजों में सुधार करते-करते इतना आगे चला गया है कि नैतिक-अनैतिक का अंतर मिटने को है और अब वह प्रकृति को नियंत्रित करने की कोशिश में लगा है। संक्षेप में कहें तो इनसान, भगवान् की जगह लेना चाहता है!

जीवन को बेहतर बनाने में कुछ बुराई नहीं है। इसके लिए नित नए प्रयोग और परिवर्तन करना आवश्यक है लेकिन प्रगति की राह पर आगे बढ़ता मनुष्य यह भूल चुका है कि उसकी महत्त्वाकांक्षाएँ दिनोंदिन अनियंत्रित और खतरनाक होती जा रही हैं। धन और सत्ता के लोभ में वह हैवान बन गया। उसने सामाजिक व्यवस्था को छिन्न-भिन्न किया, प्राकृतिक संसाधनों को दूषित किया, आस्था को हथियार बनाकर लोगों को लड़वाया, मन में एक-दूसरे के प्रति वैर का बीज बोया, आपसी संबंधों को विषाक्त किया, हवा-पानी में प्रदूषण का जहर घोला, विध्वंसक हथियार बनाए और समाज में भोग व सुविधाओं का ऐसा जानलेवा तंत्र तैयार कर दिया, जिसमें वर्तमान पीढ़ी मकड़ी के जाल में फँसे कीड़े की तरह बेबस होकर छटपटा रही है।

हमें याद रखना होगा कि यह सृष्टि मनुष्य के बनाए हुए नियमों से नहीं, बल्कि प्रकृति और ईश्वर के सिद्धांतों के अनुसार चलती है। भगवान् ने बड़े प्रेम और आत्मीयता से इस संसार की रचना की है। इसलिए वे अपनी बनाई इस अनुपम कृति को ज्यादा समय तक विकृत अवस्था में नहीं देख सकते। मनुष्य जब स्वार्थ और अहंकार के चलते अव्यवस्था और असंतुलन को लगातार बढ़ावा देता है तो ईश्वर को इस सुंदर कृति की रक्षा के लिए स्वयं धरती पर आना पड़ता है। इसी प्रक्रिया को ईश्वर का 'अवतार' लेना कहते हैं। विभिन्न धर्म-ग्रंथों में ईश्वर के अनेक अवतारों का उल्लेख है। इनकी संख्या और नामों को लेकर भी कई मत हैं। परंतु यह हमारी चर्चा का विषय नहीं है। हमारा ध्यान इस बात पर है कि ईश्वर को अवतार लेने की जरूरत कब और क्यों पड़ती है।

कुछ लोगों का मानना है कि सृष्टि के विनाश का समय निकट आता है तो ईश्वर अवतार लेते हैं और प्रलय आती है। कुछ कहते हैं कि अवतार का उद्देश्य अधर्म का अंत करके पृथ्वी पर धर्म की पुनर्स्थापना करना है। ईश्वर के अवतार और उसके उद्देश्यों से जुड़ी इन बातों में कितना सत्य है, इस पर प्रामाणिक टिप्पणी करने की समझ, सच कहा जाए तो मनुष्य को बिल्कुल नहीं है। लेकिन इतना तय है कि कोई रचनाकार अपनी एक साधारण-सी कृति को भी जल्दी से मिटाने के बारे में नहीं सोचता। इस दृष्टि से यह तर्क उचित नहीं लगता कि संसार का सर्वश्रेष्ठ रचनाकार, यानी भगवान् अपने ही बनाए अद्भुत और अनूठे संसार को नष्ट करने या उसे मिटाने के लिए धरती पर जन्म लेता होगा! हमारे विचार से इसका अवश्य कुछ और प्रयोजन होना चाहिए। फिर, यदि प्रलय और

विनाश नहीं, तो आखिर ईश्वर के अवतार का वास्तविक उद्देश्य क्या है? वह लोगों को क्या संदेश देना चाहता है?

विभिन्न पौराणिक ग्रंथों के विश्लेषण से लगता है कि ईश्वर का उद्देश्य संसार को नष्ट करना या जीव-जगत् का अंत करना नहीं, अपितु समाज में व्याप्त असंतुलन (disorder) और अव्यवस्था (chaos) को दूर करना है। इस दौरान समाज के विभिन्न स्तरों पर गड़बड़ी फैलानेवाले तत्त्वों का अंत होना स्वाभाविक है, क्योंकि संतुलन और सुशासन कायम करने के लिए यह जरूरी है। इस कार्य को पूरा करने के लिए भगवान् कर्म के सिद्धांत को ध्यान में रखते हुए अपनी लीला को बड़ी कुशलता से कार्यान्वित करते हैं लेकिन मनुष्य इस लीला को समझ नहीं पाता और वह इसे 'प्रभु की माया' कहकर चुपचाप स्वीकार कर लेता है।

हिंदू धर्म-ग्रंथों में भगवान् विष्णु के दस अवतार बताए गए हैं, जिनमें से नौ अवतारों के विषय में हम जानते हैं। विष्णु के दसवें अवतार 'कल्कि' के विषय में जानना अभी बाकी है। क्या विष्णु का दसवाँ अवतार 'कल्कि' जन्म ले चुका है? क्या कलियुगी इनसान को सबक सिखाने आए कल्कि का काम केवल तीर व तलवार से चल जाएगा या उसके पास भी अलग तरह की शक्तियाँ हैं? बीते सौ वर्षों में मनुष्य द्वारा उत्पन्न अव्यवस्था को फिर से चुस्त-दुरुस्त करने के लिए कल्कि ने किसे अपना हथियार बनाया है? क्या अतीत में हुए युद्ध, मनुष्य द्वारा फैलाई अराजकता और असंतुलन का मौजूदा समस्याओं एवं विनाशकारी घटनाओं से कोई संबंध है? यदि हाँ, तो कल्कि की इसमें क्या भूमिका होगी? और आधुनिक संदर्भ में अधर्म के नाश एवं धर्म की पुनर्स्थापना से वास्तविक आशय क्या है? इस पुस्तक में भगवान् के दसवें अवतार और मनुष्य की विध्वंसक गतिविधियों से उत्पन्न संकट से जुड़े इन्हीं कुछ प्रश्नों के उत्तर खोजने का प्रयास किया गया है।

विश्व-इतिहास, साइंस फिक्शन, जीवन-दर्शन और पौराणिक पृष्ठभूमि को आपस में गूँथती यह पुस्तक, हिंदी लेखन में अपने ढंग का पहला और अनूठा प्रयोग है। प्रथम विश्व युद्ध (1914-18) से आरंभ करके मौजूदा पैंडेमिक (वैश्विक महामारी) और फिर भविष्य की आशंकाओं तक लगभग एक शताब्दी का सफर तय करती यह पुस्तक, चार पीढ़ियों की एक रोमांचक काल्पनिक कहानी है। यह कथा विष्णु के दसवें अवतार 'कल्कि' को केंद्र में रखकर

अंतरराष्ट्रीय इतिहास की रक्त-रंजित गलियों से होती 'म्यूविड-20' नाम की एक खतरनाक पैंडेमिक के त्रासदी भरे संसार में प्रवेश कर जाती है। यह पुस्तक ईश्वरीय अवतार की अवधारणा को स्पष्ट करने के साथ महामारियों को नए सिरे से देखने-समझने की दृष्टि भी देती है।

हमें आशा है, इसमें वर्णित इतिहास, गल्प, विज्ञान और पुराणों के पर्वत-शिखरों से निकली अविरल धारा आपको आनंद और ईश्वरीय बोध से सराबोर कर देगी।

आशुतोष गर्ग
अत्रि गर्ग

आभार

हम भगवान् विष्णु के आभारी हैं, जिनमें हमारी अटूट आस्था है और जो इस पुस्तक के प्रेरणा-स्त्रोत हैं। हम अपने समस्त मित्रों और परिवार के सदस्यों का उनके बहुमूल्य सुझाव एवं मार्गदर्शन के लिए आभार व्यक्त करते हैं।

पौराणिक पृष्ठभूमि एवं इतिहास की कुछ विशिष्ट घटनाओं के संदर्भ में वर्तमान परिस्थितियों को पाठकों के समक्ष लाने में बहुमूल्य योगदान दिया।

पुस्तक के आकर्षक कवर के लिए श्री संतोष मिश्रा को हार्दिक धन्यवाद! इसे बनाने में हमारी प्यारी अन्नपूर्णा ने भी वैचारिक स्तर पर बहुमूल्य सहयोग दिया है।

कल्कि का उदय

1

28 फरवरी, 1919, गाँव संभल

यह सच है कि दुनिया का सबसे बड़ा बोझ पिता के कंधों पर जवान बेटे की अर्थी का होता है। लेकिन कच्ची उम्र के एक लड़के के लिए अपने जवान पिता की चिता को मुखाग्नि देना भी कुछ कम दर्दनाक नहीं है।

मैं अपनी बात कर रहा हूँ। मेरा नाम रमानाथ त्रिवेदी है। मेरी उम्र सत्रह वर्ष है और मैं अपने पिता बिंदेश्वरनाथ त्रिवेदी की अंत्येष्टि करके लौटा हूँ। मेरे कपड़ों पर चिता से उड़ी राख लगी है। मेरा चेहरा चिता की गरमी से तमतमा रहा है और जलती लकड़ी से उड़ती चिनगारियों की 'चिट-चिट' अब तक मेरे कानों में गूँज रही है।

दस साल की मेरी छोटी बहन सुजाता हैरान आँखों से इधर-उधर देख रही है। वह अभी पिता की मौत का सीमित अर्थ ही समझती है। उसे बताया गया है, उसके पिता भगवान् के पास चले गए हैं और अब कभी नहीं लौटेंगे। मौत के असली दर्द को समझने में उसे थोड़ा और वक्त लगेगा।

मेरी माँ सुशीला देवी जमीन पर बैठी हैं। मेरे पिता की मौत की खबर उनके शव के साथ ही घर पहुँची थी। उन्हें निष्प्राण देखकर माँ बहुत रोईं। उनके गालों पर आँसुओं के सूख जाने से नमक की पर्त जम गई है। माँ ने वह पर्त अब तक नहीं हटाई है। उसे कोई नहीं हटा सकता। वह समय के साथ अपने आप झड़कर गिरेगी। घर का चूल्हा ठंडा पड़ा है। माँ जानती हैं कि उसे फिर से गरम करने के लिए बहुत मेहनत करनी पड़ेगी। माँ मेहनती हैं। मुझे विश्वास है कि एक दिन चूल्हा फिर जलेगा।

मैं अंत्येष्टि के बाद थका-हारा लौटकर मूँज की चारपाई पर बैठा हूँ। मेरी आँखें अपने छोटे-से बिखरे परिवार को देख रही हैं लेकिन मेरा मन बार-बार मरघट की ओर दौड़ रहा है। मैंने अपने बीमार पिता का दुर्बल और जीर्ण शव कंधे से उतारकर नीचे रखा तो मुझे बिल्कुल नहीं लगा कि वह किसी छह फीट ऊँचे सैंतीस वर्षीय हट्टे-कट्टे फौजी का जिस्म था। वह इतना कमजोर कैसे हो सकता है? उस जवान शरीर पर बुढ़ापे और रोग के इतने चिह्न एक साथ नहीं उभर सकते थे। वह

स्वाभाविक मौत नहीं थी। दरअसल, दुनिया भर में व्याप्त सत्ता की भूख के लिए हुए युद्ध और उसके बाद फैली एक खतरनाक बीमारी ने मेरे पिता सूबेदार बिंदेश्वरनाथ को पहले बूढ़ा व कमजोर किया, फिर उनकी जान ले ली।

~

मेरे पिता बिंदेश्वरनाथ त्रिवेदी सन् 1900 में सेना में भर्ती हुए थे। मैं उसके दो वर्ष बाद, यानी सन् 1902 में पैदा हुआ। घर का पहला बच्चा और वह भी लड़का! समाज कैसा भी हो, लड़का-लड़की में शुरू से भेदभाव रहा है। हमारा छोटा-सा गाँव संभल इसका अपवाद नहीं था। पिताजी ने गाँव भर में मिठाई बँटवाई। सात साल के बाद, यानी 1909 में जब मेरी बहन सुजाता पैदा हुई तो माँ बहुत खुश थीं। लेकिन पिताजी के चेहरे पर से पहले-सी प्रसन्नता गायब थी। उन्होंने घर में पूजा करवाने के बाद आसपास के घरों में प्रसाद तो बाँटा, लेकिन सुजाता के आने पर गाँववालों को मिठाई नहीं मिली। मेरी माँ बहुत भली और सीधी हैं। उन्होंने इस बात का बुरा नहीं माना। मैंने कारण पूछा तो वह हँसकर सिर्फ यह बोलीं, "अभी नहीं! लड़कियों का ब्याह होने पर पिता के सिर से बोझ उतरता है, तब मिठाई बाँटी जाती है।" उस दिन मुझे समझ में आया कि जन्म के समय से ही लड़कियों का बोझ लड़कों से ज्यादा होता है!

पिताजी अपनी मेहनत और दिलेरी के दम पर जल्दी सूबेदार बन गए थे। फौज में उनका ओहदा छोटा था, लेकिन समाज में मान की कोई कमी न थी। पिताजी जहाँ निकल जाते, गाँव के लोग उन्हें झुककर सलाम करते थे। उनका सम्मान फौज के कप्तान से कम नहीं था। वर्दी का बड़ा रोब होता है! लेकिन हमें उनकी दिलेरी और वर्दी की बड़ी भारी कीमत चुकानी पड़ी थी। यह कैसे हुआ? इसके लिए आपको थोड़ा पीछे ले चलता हूँ…

□

2

30 जुलाई, 1914

मेरे पिता को एक दिन अचानक कार्यालय से बुलावा आया। वे जल्दी से वर्दी पहनकर साइकिल लेकर दौड़े। वे शाम को घर लौटे तो उनका चेहरा उतरा हुआ था। हमने उन्हें इतना उदास और परेशान पहले कभी नहीं देखा था।

"मुझे इंग्लैंड जाना है!" उन्होंने घर में घुसते ही माँ को बताया।

"क्यों?" माँ ने पाँच साल की नन्ही सुजाता को बिस्तर पर लिटाते हुए पूछा, "इंग्लैंड तो बहुत दूर है न?"

"हाँ...बहुत दूर है...जहाज से जाना होगा।" पिताजी मायूस स्वर में बोले।

"बात क्या है?" माँ ने फिर पूछा, "काम को लेकर आपको इतना परेशान पहले कभी नहीं देखा।"

"ब्रिटिश सरकार ने जर्मनी के खिलाफ जंग का ऐलान कर दिया है!" पिताजी अचानक बोले।

"जंग? अचानक?" माँ इस समाचार के लिए तैयार नहीं थीं।

"जंग कहकर नहीं होती!" पिताजी ने बस इतना ही कहा। उन्हें जंग के कारणों का पता था, लेकिन माँ को समझाने के लिए वक्त चाहिए था, जो उनके पास नहीं था।

"मेरा सामान बाँध दो। कल निकलना है।"

"कल? इतनी जल्दी...?" माँ ने फिर पूछा।

"सुशीला, जंग छिड़ने के बाद फौजी मैदान में जब भी पहुँचे, देर से आया ही माना जाता है।" पिताजी स्पष्ट कहने से हिचकते नहीं थे। उन्होंने माँ को गोल-मोल जवाब या झूठी तसल्ली देने की चेष्टा नहीं की।

उसी दिन शाम को एक अजीब घटना हुई। हमारे गाँव में एक विद्वान् और आध्यात्मिक प्रवृत्ति के ब्राह्मण रहते थे। उनका नाम पंडित श्यामचरण शुक्ल था। गाँव के लोग उन्हें 'पंडितजी' कहते थे। उनका अधिकांश समय ध्यान और पूजा-

पाठ में बीतता था। प्राय: लोग अपनी समस्याएँ लेकर सलाह-मशविरा करने उनके घर भी जाते थे। पंडितजी से जो मदद बन पड़ती, वह जरूर करते थे। लोग मानते थे कि पंडितजी का कहा होकर रहता है। फिर भी, कोई उन्हें भविष्यवक्ता कहता, तो वे मुसकराकर बस इतना कहते, "भविष्य कोई नहीं देख सकता, लेकिन उसकी आहट सबको सुनाई देती है। उसे सुनने के लिए व्यक्ति के कान तैयार होने चाहिए!"

पंडितजी गाँव में किसी के घर नहीं जाते थे। परंतु उस दिन वे हमारे घर आए। इधर पिताजी ने माँ को लड़ाई में जाने की खबर सुनाई और उधर पंडितजी ने घर में कदम रखा। माँ और पिताजी को विश्वास नहीं हुआ।

"आइए, पंडितजी!" पिताजी ने शुक्लजी को देखते ही कहा, "अहो भाग्य! आप स्वयं हमारे घर आए हैं। कहिए, कैसे आना हुआ?"

पंडितजी की उम्र पिताजी से दुगुनी थी। उनके चेहरे पर तेज था और उनकी सात्त्विक जीवन-शैली किसी से छिपी नहीं थी। वह हमेशा शांत रहते थे, लेकिन उस दिन उनके चेहरे पर तनाव था। वे पिताजी के पास बैठ गए।

"बिंदेश्वर, मैं तुमसे कुछ कहने आया हूँ।" शुक्लजी धीरे-से बोले।

"जी, कहिए।" पिताजी ने थोड़ा आश्चर्य से कहा। उन्हें शुक्लजी की भाव-भंगिमा विचित्र लगी।

"बिंदेश्वर, तुम्हें इस लड़ाई में नहीं जाना चाहिए!" शुक्लजी ने बिना भूमिका बाँधे स्पष्ट कह दिया।

"आपको कैसे पता कि मुझे लड़ाई के लिए जाना है?" पिताजी चकित थे, क्योंकि यह बात गाँव में अभी तक किसी को पता नहीं थी।

"उसे छोड़ो!" शुक्लजी बोले, "परंतु यह साधारण लड़ाई नहीं है। यह विकराल रूप ले सकती है और इसमें तुम्हारी जान…" यह कहते-कहते शुक्लजी ने संकोच वश बात अधूरी छोड़ दी। परंतु बात पूरी होने में कुछ बाकी ही कहाँ था!

"पंडितजी, हर लड़ाई में जान का खतरा होता है," पिताजी ने स्वयं ही बात पूरी कर दी। "और यह कोई परचून की दुकान तो है नहीं कि मन किया तो बैठ गए नहीं तो बंद करके घर में सोते रहे। फौज की नौकरी है, सरकार का हुक्म है। मानना तो पड़ेगा।"

"परचून की दुकान अभी नहीं है, लेकिन नौकरी छोड़कर खोल तो सकते हो!" शुक्लजी मानो घर से ठानकर आए थे।

"ऐसी भी क्या बात हो गई, पंडितजी?" पिताजी चिढ़ गए। "सरकारी नौकरी

कोई ऐसे ही छोड़ देता है क्या? लड़ाइयाँ तो होती रहती हैं।"

"इसी का डर है मुझे!" शुक्लजी ने कहा, "तुम्हारे छोटे-छोटे बच्चे हैं। अपनी नहीं तो उनकी तो चिंता करो। बिंदेश्वर, मेरी सलाह मानते हो तो मत जाओ।"

"देखते हैं," पिताजी ने मुँह बिचकाते हुए कहा।

शुक्लजी समझ गए कि पिताजी ने जाने का मन बना लिया था। "आपने यह नहीं बताया कि आपको मेरे जाने की खबर किसने दी?"

शुक्लजी ने खबरी का नाम नहीं बताया। "जानेवाले को कौन रोक सकता है!" इतना बोलकर वे चुपचाप उठे और चले गए।

शुक्लजी का इस तरह घर आना, खबर देनेवाले का नाम छिपाना और पिताजी को नौकरी छोड़कर लड़ाई में न जाने की सलाह देना, ये सब बातें रहस्य ही रह गईं।

पिताजी तो जाने के लिए बिल्कुल तैयार थे। उन पर शुक्लजी की सलाह का रत्ती-भर असर नहीं पड़ा। बेचारी माँ, लाचार थीं। उन्होंने पिताजी का सामान बाँध दिया। अगले दिन एक बड़ी-सी बख्तरबंद गाड़ी गाँव में आ पहुँची। उसमें पिताजी जैसी वर्दी पहने दर्जनों फौजी बैठे थे। सबकी पीठ पर बड़ा-सा बस्ता बँधा था और हाथों में लंबी-लंबी राइफलें थीं। पिताजी घर से बाहर निकले तो गाड़ी में बैठे फौजी उन्हें देखने लगे। फिर पिताजी ने झुककर मुझे और सुजाता को चूमा और माँ के गाल पर धीरे-से हाथ लगाया।

"कब...कब तक लौटोगे?" माँ ने झिझकते हुए पूछा।

पिताजी ने माँ को मुसकराकर देखा मानो उन्होंने सवाल सुना नहीं था। दरअसल, वह उस प्रश्न का उत्तर देना नहीं चाहते थे। फिर उन्होंने माँ की आँखों में उम्मीद और मायूसी के मिले-जुले आँसू देखे तो स्वयं को रोक नहीं पाए।

"पता नहीं!" मैंने उन्हें माँ से कहते सुना।

वह पिताजी से हमारी अंतिम मुलाकात थी। वे फिर घर नहीं लौटे!

□

3

16 सितंबर, 1914

उन दिनों परिवारवालों और रिश्तेदारों से संपर्क करने का एकमात्र साधन चिट्ठी होता था। पिताजी ने इंग्लैंड पहुँचते ही हमें खबर भेज दी।

"प्रिय सुशीला,
मैं इंग्लैंड पहुँच चुका हूँ। मैं अकेला नहीं हूँ। यहाँ बहुत से साथी हैं। तुम अपना और बच्चों का खयाल रखना।"
नीचे मेरे लिए एक छोटा सा नोट था—
"रमानाथ! यहाँ मामला गंभीर है। शायद लड़ाई लंबी चलेगी। मैं चिट्ठी लिखकर खोज-खबर भेजता रहूँगा। माँ का खयाल रखना और सुजाता को प्यार!"

पिताजी सामान्य तौर पर महीने-दो महीने में एक चिट्ठी लिखते थे। हमें उनकी खैरियत मिल जाती थी। परंतु मुझे उनके खत का इंतजार किसी और कारण से ज्यादा रहता था। वह जंग के बारे में भी विस्तार से लिखते थे। मुझे नहीं पता, उन्हें ऐसा क्यों लगा कि बारह साल का एक लड़का, दो देशों के बीच छिड़ी भयंकर जंग की गंभीरता को समझ सकेगा। लेकिन उनका अनुमान गलत नहीं था। मैं पिताजी की चिट्ठियाँ आराम से समझ लेता था। उन्हें पढ़कर पता लगा कि पिताजी को जिस जंग में लड़ने के लिए भेजा गया था, वह कोई साधारण जंग नहीं थी। हमें यह अनुमान तो था कि सात समंदर पार ब्रिटेन देश ने यदि भारत से सैनिकों को बुलाया है तो अवश्य कोई महत्त्वपूर्ण लड़ाई होगी। परंतु उस युद्ध का असली और भयावह रूप दुनिया के सामने आना बाकी था।

यह सारी कहानी, ब्रिटेन की ईस्ट इंडिया कंपनी से शुरू हुई थी। उस कंपनी ने व्यापार की मंशा से भारत में कदम रखे, लेकिन कुछ रियासतों की आरामपरस्ती और कुछ की मौकापरस्ती के चलते अंग्रेजों ने भारत पर कब्जा कर लिया और

देश उनका गुलाम हो गया। गुलामी की यह कहानी मेरे पिताजी के युद्ध में जाने से भी जुड़ी थी।

उद्योग जगत् में आई क्रांति के बाद दुनिया के बड़े देश, कमजोर देशों में उपनिवेश के अवसर और बाजार तलाश रहे थे। व्यापार के माध्यम से प्रभुत्व बढ़ाना ही उनका एकमात्र लक्ष्य था। परंतु धीरे-धीरे व्यापार की आड़ में शक्तिशाली देशों ने कमजोर देशों को दबाने और उन पर हुकूमत करने की कपटपूर्ण कोशिशें आरंभ कर दीं। सैन्य शक्ति बढ़ाई गई और गुप्त कूटनीतिक संधियाँ होने लगीं। इससे देशों के बीच अविश्वास और कटुता बढ़ी। कुछ देश इस चाल को जल्दी समझ गए तो कुछ व्यापार के लोभ में अपनी स्वतंत्रता गँवा बैठे तथा अंग्रेजों के गुलाम हो गए। ब्रिटेन आकार में छोटा था, लेकिन उसकी प्रभावी कार्यशैली और आक्रामक रवैए के सामने आधी से ज्यादा दुनिया ने सिर झुका दिया था। भारत भी ब्रिटेन का गुलाम हो गया।

पिताजी ने चिट्ठियों के जरिए भारत की गुलामी की कहानी सुनानी शुरू की तो मैं समझ नहीं सका कि मुझे चिट्ठियों में इतिहास के ऐसे अध्याय क्यों पढ़ाए जा रहे थे, जिन्हें मैं स्कूल की पुस्तकों में पढ़ सकता था? कुछ दिनों बाद मुझे इसका कारण समझ में आया। खून बहाकर लिखा गया इतिहास, स्याही से लिखे इतिहास से बहुत अलग होता है!

मेरे पिताजी, जो एक बहादुर सिपाही होने के साथ-साथ शानदार किस्सागो भी थे। कहानियाँ सुनाने का उनका अंदाज इतना अनोखा और रोचक था कि मुझे पता ही नहीं लगा, कब भारत की धरती को रौंदते अंग्रेजी हुकूमत के क्रूर कदमों की दास्तान फ्रांस के मैदानों तक जा पहुँची। हमने फ्रांस का नाम पढ़ा तो हैरानी हुई। पिताजी जंग में भाग लेने के लिए ब्रिटेन गए थे तो फिर फ्रांस कैसे पहुँच गए? उन्हें पता था कि हमारे मन में यह शंका अवश्य उठेगी, इसलिए उन्होंने स्वयं ही इसका खुलासा कर दिया।

कुछ शक्तिशाली देशों ने आपस में समझौते करने शुरू कर दिए थे। इधर, जर्मनी और ऑस्ट्रिया-हंगरी ने आपस में हाथ मिलाया तो उधर, फ्रांस और रूस दोस्त बन गए। समय के साथ इन समझौतों का विस्तार हुआ और कुछ दूसरे देश भी इन संधियों का हिस्सा बने। वर्ष 1900 के पहले दशक में जर्मनी और ऑस्ट्रिया ने इटली को अपने साथ मिला लिया तो दूसरी ओर, फ्रांस और रूस को शक्तिशाली ब्रिटेन का सहयोग मिल गया। लेकिन इन कुटिल संधियों के

चलते अनेक देशों की राजनीतिक स्वायत्तता पर संकट के बादल मँडराने लगे थे।

उन दिनों ऑस्ट्रिया-हंगरी को एक ही देश माना जाता था। जर्मनी का सहयोग पाकर ऑस्ट्रिया की शक्तियाँ बहुत बढ़ गईं। एक दिन उसने अचानक अपने पड़ोसी देश बोस्निया पर कब्जा कर लिया। बोस्निया में सर्बिया देश के भी बहुत लोग रहते थे, जिन्हें ऑस्ट्रिया की यह कार्रवाई पसंद नहीं आई। नतीजा यह हुआ कि सर्बिया के कई लोग ऑस्ट्रिया के खिलाफ लामबंद होने लगे। इनमें 'ब्लैक हैंड' नाम का एक प्रमुख समूह भी शामिल था।

एक दिन की बात है। 28 जून, 1914 को ऑस्ट्रिया का भावी शासक आर्कड्यूक फ्रांज फर्डिनेंड अपनी गर्भवती पत्नी सोफी के साथ सर्बिया के सेराजेवो शहर में घूमने आया था। 'ब्लैक हैंड' गिरोह को इससे अच्छा मौका फिर नहीं मिल सकता था। उसके एक सदस्य ने आर्कड्यूक पर हमला किया, किंतु किस्मत से आर्कड्यूक बच गया। 'ब्लैक हैंड' ने भी कच्ची गोलियाँ नहीं खेली थीं! उनके पास बैकअप योजना तैयार थी। हमला विफल होता देख गैवरिलो प्रिंसिप नाम के एक शख्स ने आर्कड्यूक और उसकी पत्नी को गोली मार दी। दोनों की मौके पर ही मौत हो गई। यह ऑस्ट्रिया के लिए बड़ा सदमा था। लेकिन यह सर्बिया द्वारा ऑस्ट्रिया को खुली चुनौती भी थी। आर्कड्यूक की हत्या से बौखलाए ऑस्ट्रिया ने जुलाई 1914 में सर्बिया के खिलाफ जंग का ऐलान कर दिया। हालाँकि आर्कड्यूक की हत्या में सर्बिया की सरकार की कोई भूमिका नहीं थी, लेकिन ऑस्ट्रिया ने हमला किया तो सर्बिया को विवश होकर मदद के लिए अपने मित्र रूस की तरफ देखना पड़ा। रूस ने दोस्ती का फर्ज निभाया और सर्बिया का साथ देते हुए ऑस्ट्रिया के खिलाफ मोर्चा खोल दिया। यही वह समय था, जब वर्ष 1900 के पहले दशक में हुई संधियाँ रंग लाईं और मित्रदेश आपस में साथ आ गए।

मित्र समर्थ हो तो साहस कई बार दुस्साहस में बदल जाता है। रूस के हमले से ऑस्ट्रिया बुरी तरह घबरा गया। ऐसे में जर्मनी ने उसका हाथ थाम लिया। उधर, ऑस्ट्रिया की सहायता के लिए जर्मनी आगे आया तो फ्रांस पीछे कैसे रहता! रूस की फ्रांस और ब्रिटेन के साथ संधि थी। आखिर वही हुआ, जिसका डर था! युद्ध में ब्रिटेन के शामिल हो जाने से मामला पेचीदा हो गया और फिर अमेरिका, जापान एवं बेल्जियम जैसे देश इसमें कूद पड़े। इस कारण ब्रिटेन के अधीन देश भी युद्ध में शामिल होने पर मजबूर हो गए। भारत से भी लगभग

तेरह लाख सैनिकों को लड़ने भेजा गया। किसी ने कल्पना तक नहीं की थी कि एक राजकुमार की हत्या से शुरू हुई दो देशों की आपसी लड़ाई में दुनिया-भर के देश शामिल हो जाएँगे। यह विश्व स्तर पर होने वाला पहला बड़ा युद्ध था।

यदि भारत गुलाम न होता तो पिताजी को अंग्रेजी हुकूमत के कहने पर किसी तीसरे देश की जमीन पर जंग लड़ने न जाना पड़ता और वे शायद जिंदा होते! परंतु जीवन 'ऐसा होता तो कैसा होता' जैसी मखमली संभावनाओं पर नहीं, अपितु यथार्थ के कठोर धरातल पर आधारित होता है।

□

4

28 अक्तूबर, 1918

पिताजी को घर से गए चार साल बीत चुके थे। इस बीच मैं समझदार हो गया था। पिताजी के खत आते रहे लेकिन अब उनमें पहलेवाला रोमांच नहीं था। लड़ाई जैसे-जैसे भयानक मोड़ ले रही थी, पिताजी के खतों में मायूसी और पीड़ा बढ़ती जा रही थी। उनमें पहले वाली आत्मीयता भी नहीं थी। उनकी भाषा कठोर और विरक्त हो गई। उसमें पहलेवाला उत्साह भी गायब था। मेरे पिता भीतर से टूट रहे थे। वे शायद लड़ते-लड़ते थक चुके थे। उन्हें लगता था कि युद्ध अनंत काल तक चलेगा। उन्होंने एक चिट्ठी में लिखा— *"यह लड़ाई शायद कभी खत्म नहीं होगी; अगर इस पर विराम लगा तो वह अल्प-विराम ही होगा!"*

मैंने महसूस किया कि सरस और जीवंत स्वभाव वाले मेरे पिता में बड़ा बदलाव आ गया था। धीरे-धीरे चिट्ठियों के बीच अंतराल बढ़ता गया। गाँव में डाकिया तो पहले की तरह आता था, लेकिन हमारे घर के सामने उसके रुकने की उम्मीद घटती जा रही थी।

फिर एक दिन पिताजी का खत आया। उसे पढ़ने के बाद हमारे गले से भोजन का निवाला नीचे नहीं उतरा। पिताजी ने पहली बार लड़ाई के बारे में इतना विस्तार से लिखा था—

> *"लड़ाई के मैदान के ऊपर का आकाश स्याह हो रहा था। निराशा की कालिमा ने उसे और गहरा कर दिया था। सौ से अधिक देशों के लाखों सैनिक एक-दूसरे से गुत्थम-गुत्था थे। एक इनसान दूसरे के लहू का इतना प्यासा इससे पहले कभी न था। अपने सामने खड़े दुश्मन का गला काट देने या उसके सीने में लोहा और बारूद उतार देने की इतनी भूख इससे पहले कभी नहीं देखी थी। उस इनसानी सैलाब में हर कोई नृशंस उन्माद से भरा था। सैनिकों के शरीर पर त्वचा कम, घाव अधिक नजर आते थे। उनके खुले घावों से देश के लिए सँभालकर*

रखा खून रिसता जाता था। कहीं मशीनगनों से निकलती गोलियों का शोर था तो कहीं राइफलें आग उगलती थीं। चारों तरफ तोपों और गोलियों की गड़गड़ाहट सुनकर लगता था, मानो आकाश का सीना फट जाएगा। हर तरफ गूँजते शोर ने कानों के परदों को सुन्न कर दिया था। कहीं सिर-कटा धड़ छटपटा रहा था तो किसी के कटे सिर की खुली आँखें आकाश को ताक रही थीं। फ्रांस की युद्धभूमि सैनिकों के शवों और मांस के लोथड़ों से पट चुकी थी। जहाँ तक नजर जाती, सिर्फ मौत का काला साया लहराता दिखता था। देखकर सिर फट जाए, ऐसा मंजर था मेरे चारों ओर! कहीं क्षत-विक्षत सैनिकों की दर्दनाक चीखें तो कहीं घायलों की दबी सुबकियाँ सुनकर अपने ही दिल की धड़कन सुनाई नहीं देती थी। हजारों-लाखों इनसानों के खून से फ्रांस की धूसर जमीन लाल कीचड़ में बदल गई थी। मुझे लग रहा था कि वह सारा खून मेरे तलवों से उठकर मेरी जबान पर आ जाएगा। मुझे उबकाई आ गई। मेरे हाथ में उस समय राइफल थी। राइफलें अपने भीतर से बारूद और आग उगलती हैं, लेकिन खुद ठंडी रहती हैं। खून बहाने की उनकी प्यास कभी नहीं मिटती। फौज का कमांडर लगातार चिल्ला रहा था, 'फायर! फायर!!' फ्रांस की ठंडी हवा के तेज थपेड़ों से चेहरा छिलकर लाल हो गया था। लाशों के ढेर पर कदम लड़खड़ा रहे थे। लेकिन नीचे बिछी लाशें पैरों को सँभलने का मौका नहीं देती थीं। सैनिकों की फौजें खेत पर हमला बोल चुके टिड्डी-दल की तरह युद्धभूमि में फैली थीं। जर्मनी को बारूद और तलवारों से खून बहाकर चैन नहीं मिला तो उसने जहरीली मस्टर्ड गैस का प्रयोग किया। वह गैस चारों ओर फैल गई और दम घुट जाने से हजारों लोगों की मौत हो गई। शरीर में डर, घृणा और थकान के अलावा कुछ बाकी नहीं था। चारों ओर खून, आग, बारूद और धुएँ के अलावा कुछ नजर नहीं आता था। खून और जले मांस की दुर्गंध, सड़ी-गली लाशों को नोचने के इरादे से धूल-धूसरित आकाश में डैने फड़फड़ाते गिद्धों के झुंड, चारों तरफ मौत का तांडव`` नृशंस, निर्मम, भयावह! मृत्यु की एक दुर्गंध होती है, जो सिर्फ उसे निकट से देखनेवाले को महसूस होती है। यह युद्ध नहीं, नर-संहार है—योजनाबद्ध ढंग से किया निरर्थक क्रूर नर-संहार! मैं जिंदा रहना चाहता हूँ। मुझे नहीं पता, मैं यह कर पाऊँगा या नहीं`` ।"

मैं उस चिट्ठी को पूरा नहीं पढ़ सका। उसके हर शब्द में युद्ध की विभीषिका का भयानक और नग्न रूप साफ दिखाई पड़ रहा था। दर्द, बेबसी और उन्माद की परतें खुल चुकी थीं।

कुछ दिन बाद पिताजी का एक और खत मिला। उसमें दो बड़ी खबरें थीं। पहली यह कि युद्ध 11 नवंबर, 1918 को समाप्त हो गया और पिताजी जीवित थे। दूसरी खबर यह थी कि युद्ध में ब्रिटेन और उसके मित्र देशों की जीत हुई थी। यह सुनकर हम बहुत खुश हुए। हालाँकि उन दिनों ब्रिटिश साम्राज्य की जड़ें उखाड़कर भारत को आजाद कराने का संघर्ष तेज हो रहा था। ऐसी स्थिति में यह भारी विडंबना थी कि हम ब्रिटेन की जीत से खुश थे। लेकिन हम बच्चे थे, इसलिए हमारे लिए तो ब्रिटेन की विजय में ही पिताजी की जीत थी।

उस भयानक युद्ध में सौ से अधिक देशों ने भाग लिया था और उसके खत्म होने तक पौने दो करोड़ से ज्यादा लोग अपनी जानें गँवा चुके थे! हम भाग्यशाली थे कि पिताजी ने बहादुरी से वह भयावह युद्ध न सिर्फ लड़ा और जीता था, बल्कि वे सकुशल घर भी लौटने वाले थे। मैंने खत पढ़ा तो माँ और सुजाता की आँखों में आँसू आ गए।

"चार साल-तीन महीने-बारह दिन!" माँ अचानक बोलीं।

हम दोनों भाई-बहन माँ को आश्चर्य से देखने लगे। फिर हमें समझ आया कि पिताजी के जाने से लेकर युद्ध खत्म होने तक माँ एक-एक दिन गिन रही थीं।

प्रसन्नता भरी उस शाम में कुछ था, जो मुझे बेचैन कर रहा था। बीते चार सालों में अपने पिता के खत पढ़ते-पढ़ते मैं उनकी भावनाओं, उनके दुःख-सुख, उनकी बेचैनी और दर्द से इस तरह जुड़ गया था कि मुझे चिट्ठी में वह भी दिखाई पड़ता था, जो वे स्याही से नहीं लिखते थे। उस दिन मैंने उनका खत पढ़ा तो मेरा ध्यान एक और बात पर गया, जिसका उल्लेख खत में नहीं था। युद्ध के बाद घर लौटने की संभावना से पिताजी ज्यादा उत्साहित नहीं थे। मैंने इस बारे में माँ से कुछ नहीं कहा, लेकिन मुझे यह बात परेशान करती रही।

मैं जितना सोचता गया, मेरे दिमाग में उतने ही अधिक प्रश्न पैदा होते गए। क्या पिताजी सचमुच घर नहीं लौटना चाहते थे? क्या वे युद्ध में घायल हो गए थे? क्या उनकी जान को कोई और खतरा था? यह कैसा युद्ध है, जिसमें लाखों लोग सिर्फ इसलिए मारे जाते हैं कि चंद देशों के कुछ सिरफिरे शासक सत्ता के लोभ और अहंकार के मद में चूर हैं? क्या इनसान का खून इतना सस्ता है कि जमीन पर खिंची कुछ रेखाएँ उसके रंग में भेद पैदा कर देती हैं और उसे कहीं भी, कितना भी बहाया जा सकता है? इनसान को यह अधिकार किसने दिया कि

वह बच्चों से उनका पिता, बहनों से उनका भाई छीन ले या किसी पत्नी की माँग उजाड़ दे? क्या ईश्वर ने इस सृष्टि को इसलिए बनाया है कि इनसान अपने लाभ के लिए तबाही मचाए, विनाश का तांडव करे और हरी-भरी जमीन को निर्दोषों के खून से लाल कर दे? मुझे विश्वास था कि ईश्वर इनसान की इस घिनौनी करतूत से कतई सहमत नहीं होगा। ऐसा है तो आखिर वह परम सत्ता है कहाँ? क्यों भगवान् दुष्ट लोगों और मानवता के दुश्मनों को सजा नहीं देता?

इन सवालों ने मुझे रात-भर सोने नहीं दिया।

□

5

20 दिसंबर, 1918

गाँव में एक तालाब है। मेरा मन जब भी उदास होता या मुझे पिताजी की याद आती तो मैं उस तालाब के पास बैठकर प्रकृति के सौंदर्य का आनंद लेता था। इससे मेरे अशांत मन को राहत मिलती थी।

मैं सुबह उठकर तालाब पर पहुँच गया। आकाश में लालिमा अब तक बिखरी थी। मैं धीरे-से बैठ गया और पानी की सतह पर तरंगों के घेरे बनते-टूटते देखता रहा।

मैं अपने पिता के खयालों में डूबा हुआ था कि सहसा मुझे लगा, मैं वहाँ अकेला नहीं हूँ। मैंने पलटकर देखा तो मेरे पीछे बीस-बाईस साल का एक हट्टा-कट्टा युवक खड़ा मुझे गौर से देख रहा था।

"कौन हो तुम?" मैंने आश्चर्य से पूछा।

"मैं कौन हूँ, यह जानकर क्या करोगे?" उसने प्रश्न के बदले प्रश्न किया। "जरूरी यह है कि तुम क्या जानना चाहते हो!"

युवक की आवाज में अजीब-सा जादू था। वह भारी होते हुए भी मीठी थी। मैंने ध्यान से उसकी आँखों को देखा। वे किसी को भी सहज सम्मोहित कर सकती थीं। उसका कद लगभग छह फीट था और शरीर योद्धा की भाँति गठा व बलिष्ठ। उसने पीली धोती पहनी थी और उसके दाएँ कंधे पर गेरुए रंग का वस्त्र लहरा रहा था। होंठों पर सौम्य मुसकान, तीखे नैन-नक्श और बाल लंबे, घने व घुँघराले थे। मुझे उसमें कोई कमी दिखाई नहीं पड़ी। वह संपूर्ण पुरुष का स्वरूप था। एक नजर में उसे जो देखता, यही सोचता कि वह कोई दिव्य पुरुष था, जो सीधा देवलोक से संभल गाँव की धरती पर किसी विशेष प्रयोजन से प्रकट हुआ था।

"मैं अजनबी लोगों से बात नहीं करता!" मैंने पलटकर कह दिया। हालाँकि उसका व्यक्तित्व इतना चुंबकीय था कि ऐसे युवक से कोई बात किए बिना रह नहीं सकता था।

"अजनबी!" युवक ने आश्चर्य से कहा और फिर वह ठहाका लगाकर हँस पड़ा। "मैं अजनबी नहीं हूँ। मैं तो तुम्हारे ही गाँव का रहनेवाला हूँ।"

"संभल! यह कैसे हो सकता है?" मैंने हैरानी से पूछा। "मैंने तुम्हें पहले कभी नहीं देखा।"

"तुम ठीक कहते हो," वह बोला। "इसका कारण यह है कि मैं तुम्हारे पैदा होने से पहले गाँव छोड़कर चला गया था।"

उस युवक के उत्तर ने मेरी दुविधा और बढ़ा दी। गाँव में सब एक-दूसरे से परिचित होते हैं। वह उम्र में भी मुझसे केवल चार-पाँच साल बड़ा था।

"यह कैसे हो सकता है कि मैं सत्रह साल का हो गया हूँ और मुझे अपने ही गाँव के लड़के के बारे में पता नहीं?" मैंने हिचकते हुए पूछ लिया।

"मैंने तुम्हें अभी बताया कि मैं बचपन में ही चला गया था। इसलिए तुमने तो क्या, मुझे किसी गाँववासी ने नहीं देखा।"

उसकी बातें मेरे लिए पहेली बनती जा रही थीं। उससे सीधे बात करना जरूरी था। उसके परिवार के बारे में पूछने से कुछ जानकारी मिल सकती थी।

"तुम्हारे माता-पिता कौन हैं?" मैंने पूछा। इस प्रश्न से उसकी पहचान जानना सरल था।

"क्या तुमने ब्राह्मण विष्णुयश का नाम सुना है?" युवक ने पूछा।

मुझे यह नाम परिचित लगा। मैंने थोड़ा सोचकर उत्तर दिया, "हाँ, यह नाम तो मैंने सुना है। उनका परिवार शायद गाँव के दक्षिणी छोर पर रहता है। मेरे पिता ने मुझे एक बार बताया था कि मेरे जन्म से कुछ साल पहले विष्णुयश की पत्नी सुमति ने एक पुत्र को जन्म दिया था। परंतु गाँववाले उनके घर बधाई देने पहुँचे तो उन्हें यह सुनकर अचरज हुआ कि विष्णुयश ने उस नवजात बालक को जन्म लेते ही किसी तपस्वी को सौंप दिया था।"

"हाँ, यह सच है," युवक ने कहा।

"तुम्हीं बताओ, कोई नवजात शिशु अपनी माँ के बिना कैसे रह सकता है? एक तपस्वी इतने छोटे बच्चे की देखभाल कैसे करेगा? गाँव के लोगों को विष्णुयश और उसकी पत्नी का व्यवहार पसंद नहीं आया और लोगों ने दबी जबान से उनकी निंदा भी की। लेकिन आश्चर्य की बात यह थी कि दोनों पति-पत्नी चुप रहे। उनकी आँखों में पुत्र से बिछुड़ने का दुःख तो अवश्य था लेकिन उन्होंने लोगों के बहुत पूछने पर भी किसी को कुछ नहीं बताया।"

"विष्णुयश की कोई विवशता रही होगी।" युवक ने ब्राह्मण का पक्ष लिया तो मुझे आश्चर्य हुआ।

"तुम उस ब्राह्मण का पक्ष क्यों ले रहे हो?" मैंने चिढ़कर पूछा। "किसी को बिना जाने उसका साथ देना उचित नहीं है।"

"रमानाथ! तुम भी तो पूरी बात जाने बिना विष्णुयश और उनकी पत्नी का विरोध कर रहे हो!" युवक ने तपाक से मेरी बात काट दी। "तुम्हें उनकी विवशता के बारे में पता नहीं है तो तुम्हें या गाँववालों को यह निर्णय करने का अधिकार किसने दिया कि विष्णुयश ने जो किया, वह गलत था?"

इसे मेरा नाम कैसे पता? मैं युवक के मुँह से अपना नाम सुनकर चौंक गया। "तुम मेरा नाम कैसे जानते हो? मैंने तो नहीं बताया।"

"क्या यह जरूरी है कि तुम मेरा नाम नहीं जानते तो मुझे भी तुम्हारा नाम न पता हो?" युवक का हर प्रश्न मेरे प्रश्न का उत्तर बन जाता था। "मैं तुम्हें बता चुका हूँ कि मैं तुमसे उम्र में बड़ा हूँ, इसलिए मेरी जानकारी तुमसे ज्यादा होना स्वाभाविक है।"

युवक की बात सही थी। मैं उसे नहीं जानता था। मैंने इस विषय को वहीं छोड़ देना उचित समझा क्योंकि मैं अब तक उसकी बात नहीं काट पाया था। फिर भी, उसका नाम जानना जरूरी था।

"यह तो बताओ कि तुम कौन हो? तुम्हारा नाम क्या है?" मैंने तय किया कि इस बार उसके बारे में जाने बिना आगे बात नहीं करूँगा।

"मेरा नाम जानकर क्या करोगे?" उसने हँसते हुए पूछा।

"अगर तुमने अपना नाम नहीं बताया तो मैं यहाँ से चला जाऊँगा," मैंने अपनी शर्त साफ कर दी। "फिर तुम इन घुमावदार बातों के लिए किसी और को ढूँढ़ते रहना।" मुझे लगा कि धमकी देने से बात बन जाएगी।

"कल्कि!" उसने मुसकराकर उत्तर दिया, "मेरा नाम कल्कि है। लेकिन मेरा नाम जानकर भी क्या होगा?"

मैं खुश हो गया कि मेरी धमकी का कुछ असर हुआ था। उसका नाम भी उसकी बातों की तरह अजीब था। "कल्कि? यह कैसा नाम है?" मैंने पूछा। मुझे वह नाम थोड़ा विचित्र तो थोड़ा परिचित भी लगा। मैंने यह नाम पहले भी सुना था, लेकिन मुझे कुछ याद नहीं आया।

"कलियुग में रहते हो और कल्कि का नाम नहीं सुना?" युवक प्रश्न के बदले में प्रश्न करने की अनूठी कला में पारंगत था।

"कलियुग? कलियुग की बात बीच में कहाँ से आ गई? तुम मुझे पहेलियों में क्यों उलझा रहे हो?" मैंने चिढ़कर पूछा, "मैं पहले ही बहुत परेशान हूँ और अब तुम…" मैंने वाक्य अधूरा छोड़ दिया।

"कलियुग के लोगों की यह बात मुझे बिल्कुल पसंद नहीं है। वे समस्या स्वयं पैदा करते हैं और दोष किसी और पर डाल देते हैं," युवक ने तपाक से उत्तर दिया। मैं इस आरोप के लिए तैयार नहीं था।

"मैं तुम पर दोष नहीं डाल रहा…" मैंने सफाई देनी चाही। "मैं तो सिर्फ यह कह रहा था कि…"

"उसे छोड़ो!" कल्कि ने मुझे बीच में टोका। "यह बताओ कि तुम दुःखी क्यों हो?"

मुझसे मेरे दुःख के बारे में किसी ने इतने अपनेपन से कभी नहीं पूछा था। कल्कि के जादुई अंदाज ने मेरा दिल छू लिया। मैं भूल ही गया कि उसने केवल अपना नाम बताया था और फिर से बात को मेरे दुःख की ओर मोड़ दिया था। कल्कि ने दुःख का कारण पूछा तो मेरा ध्यान पिताजी की ओर चला गया। वह लड़ाई खत्म होने के बाद भी घर क्यों नहीं लौटना चाह रहे थे? यही प्रश्न मुझे दिन-रात खाए जा रहा था। मैं तालाब पर भी इसलिए आया था, क्योंकि यहाँ शांति से बैठकर मुझे अपने पिता की चिट्ठियों में छिपे दर्द और उनके मन में उत्पन्न विरक्ति का कारण समझना था।

"जिस तरह तुम उनके बारे में सोच रहे हो, वैसे ही वे भी तुम्हारे लिए चिंतित होंगे!" कल्कि ने अचानक मेरी ओर देखकर कहा। "आखिर, अपने परिवार की चिंता किसे नहीं होती!"

"तुम किसकी बात कर रहे हो?" मैंने आश्चर्य से पूछा।

"तुम्हारे पिता बिंदेश्वरनाथ की!" कल्कि ने कहा और फिर वह तालाब की सतह को देखने लगा।

कल्कि ने मेरे होश उड़ा दिए थे। उसने मुझे अब तक अपने विषय में कुछ नहीं बताया था, लेकिन उसे मेरे बारे में सब पता था। *यह अवश्य कोई बहुरुपिया है अथवा कोई आत्मा या प्रेत है, तभी इसे मेरे बारे में इतना कुछ पता है!* मेरे दिमाग में

युवक को लेकर तरह-तरह के प्रश्न उठ रहे थे। दैत्य? प्रेत? आत्मा? परंतु उसका सादगी-भरा, मनमोहक और दिव्य रूप देखकर न जाने क्यों, उसे प्रेत या आत्मा मानने को जी नहीं चाहता था।

कल्कि ने मेरी आँखों में देखा और फिर वह जोर से हँसा, "डरो मत, रमानाथ! मैं प्रेत या आत्मा नहीं हूँ! मैं भी तुम्हारी तरह जीता-जागता इनसान हूँ।"

यह सुनकर मेरे आश्चर्य की सीमा नहीं रही।

"मन की बातें पढ़ लेते हो और स्वयं को इनसान कहते हो! तुम मुझे बताते क्यों नहीं कि तुम कौन हो और मेरे पिता को कैसे जानते हो?"

कल्कि ने मेरी बात का उत्तर नहीं दिया। वह तालाब को एकटक देखता रहा मानो उसकी सतह पर उठ रही तरंगों में कोई संदेश छिपा था, जिसे वह पढ़ रहा था। कल्कि के पास मेरे प्रश्न का उत्तर अवश्य था। यह भी साफ था कि वह मुझसे कुछ छिपा रहा था। उसने अपने बारे में कुछ नहीं बताया। परंतु मेरे लिए यह जानना जरूरी था कि वह मेरे पिता को कैसे और कब से जानता था। कल्कि में कुछ तो बात थी!

उसकी रहस्यमयी मुसकान और आँखों में तैरती दिव्यता मुझे बार-बार उसकी ओर आकर्षित कर रही थी। कल्कि से हुई आश्चर्यजनक मुलाकात ने मुझे रोमांच और कौतूहल से भरी एक नई दुनिया में पहुँचा दिया था, जिसमें मेरे पिता की भूमिका भी महत्त्वपूर्ण थी।

यह सब सोचने से मेरा सिर भारी होने लगा। मुझे कुछ नहीं सूझा। मैं अचानक उठा और बिना कुछ बोले घर की ओर चल पड़ा। मैं कल्कि की बातों में इतना उलझ गया था कि मुझे उससे यह तक पूछना याद नहीं रहा कि उसने संभल गाँव के ब्राह्मण विष्णुयश और उसकी पत्नी सुमति का नाम क्यों लिया था और वह उन्हें कैसे जानता था?

कहते हैं, बीत गई सो बात गई! मैं घर पहुँचा तो विष्णुयश वाली बात दिमाग से निकल गई।

□

6

21 दिसंबर, 1918

मैं कल्कि से बिना कुछ कहे घर लौट आया था। उससे मिलने पर एक ओर मन रोमांचित था तो दूसरी ओर दिमाग में तनाव पैदा हो गया था।

मैं दिन-भर इन्हीं सवालों से जूझता रहा। माँ ने मुझे गहरी सोच में डूबे देखा तो दो बार कारण पूछा। लेकिन मैंने दोनों बार उनकी बात टाल दी। मुझे नहीं पता था कि माँ कल्कि के बारे में सुनकर क्या कहेंगी। मैं उनसे कुछ कहने से पहले कल्कि के विषय में और जान लेना चाहता था।

कल्कि से दोबारा मिलने के बारे में कोई बात नहीं हुई थी क्योंकि मैं अचानक उठकर घर चला आया था। फिर भी, मुझे विश्वास था कि उसका मुझसे मिलना मात्र संयोग नहीं था। यह सब किसी विशेष योजना के अंतर्गत हो रहा था। परंतु यह किसकी योजना थी और मुझे इसका हिस्सा क्यों बनाया गया था? ये प्रश्न विचारणीय थे। वह मन की बात भी पढ़ सकता था! मुझे भरोसा था कि वह तालाब पर दोबारा जरूर आएगा। मुझे अगली सुबह का इंतजार था।

मैं उस दिन सूर्योदय से पहले ही उठ गया। सच कहूँ तो मुझे ठीक से नींद नहीं आई। उधर, मेरे पिता परेशान थे और इधर, मेरे सामने एक ऐसा व्यक्ति मौजूद था, जो उनके बारे में बहुत कुछ जानता था। मैं जल्दी से उठा और तालाब की ओर चल पड़ा। मैं सोच रहा था कि मुझे कल्कि की प्रतीक्षा करनी पड़ेगी। परंतु कल्कि ने मुझे उस दिन भी हैरान कर दिया। वह मुझसे पहले तालाब पर मौजूद था।

उसने मुझे देखते ही पूछा, "तुम्हारा सिर दर्द कैसा है? तुम कल बिना कुछ कहे चले गए थे।"

"मेरे सिर में दर्द हो रहा था।" मैंने कहा।

"क्यों?" कल्कि ने कंधे उचकाए।

"तुम सीधी बात जो नहीं करते!" मैंने खीझकर कहा। "तुम्हारी घुमावदार बातें सुनकर मुझे चक्कर आने लगते हैं। तुम्हारे कारण ही सिर दर्द हुआ था। मैंने सोचा, तुम जादूगर हो और अपने जादू से मेरा दर्द ठीक कर दोगे।" मैंने कटाक्ष किया।

"मुझे तुम्हारे सिर दर्द का कैसे पता होगा?" यह बात कल्कि ने जान-बूझकर बोली थी। वह मेरा जवाब सुनना चाहता था।

"तुम्हारे पास तो मन की बात पढ़नेवाली मायावी शक्ति है!" मैंने पलटवार किया। "या उसका प्रयोग केवल मुझे भ्रमित करने के लिए करते हो?" यह कटाक्ष पहलेवाले से ज्यादा तीखा था।

"पहली बात यह कि मैं जादूगर नहीं हूँ," कल्कि ने मुँह बिचकाया। "दूसरा यह कि मेरे पास अगर कोई शक्ति है भी, तो मैं उसका उपयोग साधारण कामों के लिए नहीं करता। मुझे शक्ति का दुरुपयोग पसंद नहीं है। कोई ऐसा करता है तो मुझे क्रोध आता है।"

कल्कि का स्वर तीखा हो गया था। मैं डर गया। भय और साहस, साथ में नहीं रह सकते। मैं अब तक कल्कि से निर्भय होकर बात कर रहा था लेकिन उसके प्रति डर पैदा होते ही मन से साहस और दिमाग से सवाल मानो भाप बनकर उड़ गए। कल्कि को नाराज करके उससे बात करना मुश्किल था।

"मेरा यह मतलब नहीं था," मैंने बात सँभालने की कोशिश की।

"मैं इनसानों की बात का मतलब खूब समझता हूँ!" कल्कि को तैश आ गया।

उसने 'इनसान' शब्द का प्रयोग कुछ इस तरह किया, मानो वह स्वयं इनसान नहीं, बल्कि किसी अन्य प्रजाति का प्राणी था। लेकिन उसके हाव-भाव देखकर मैंने चुप रहना उचित समझा।

कल्कि ने मुझे एक नजर देखा और फिर मुसकराने लगा। "मन में दुविधा हो तो चर्चा कर लेनी चाहिए," वह बोला। स्पष्ट था कि उसने एक बार फिर मेरे मन की बात पढ़ ली थी।

यह अपने पिता के विषय में बात करने का स्वर्णिम अवसर था। कल्कि ने स्वयं कहा कि मन में दुविधा नहीं रखनी चाहिए।

"मैं अपने पिता के बारे में तुमसे बात करना चाहता हूँ," मैंने कह दिया। "मुझे पता है कि तुम उनके विषय में जानते हो।"

"आखिर तुमने मन की असली दुविधा कह दी," कल्कि बोला। "मैं कल से यही सुनना चाह रहा था।"

"अब तो सुन लिया न!" मैंने कहा। "फिर बताओ कि तुम मेरे पिता को कैसे जानते हो और तुम्हें कैसे पता कि वे भी अपने परिवार के बारे में सोच रहे होंगे?"

"रमानाथ!" कल्कि बोला, "एक पिता, जो अपने परिवार से दूर है, के मन में अपने बच्चों का खयाल आना बहुत स्वाभाविक है। लेकिन मैं यह जरूर जानता हूँ कि तुम्हारे पिता फौज में हैं और लड़ाई में हिस्सा लेने विदेश गए हैं। क्या करें, इनसानों ने लड़ाई-झगड़े और युद्ध जैसी समस्याएँ स्वयं पैदा की हैं!"

"यही तो पूछ रहा हूँ कि तुम इतना सब कैसे जानते हो, जबकि तुम बचपन में ही चले गए थे? मेरे पिता को गए चार साल से ज्यादा हो गए हैं, लेकिन लड़ाई खत्म होने के बाद भी वह घर नहीं लौटना चाहते। मैं इसी कारण अशांत हूँ और कल इसी बात पर विचार करने तालाब पर आया था। यहाँ तुम मिल गए। तब से मेरी दुविधा कम होने के बजाय बढ़ती जा रही है और तुम यह बात-बात में 'इनसान ने यह कर दिया', 'इनसान ने वह कर दिया' क्यों कहते हो? तुम भी तो इनसान हो। फिर इनसानों के खिलाफ बोलने का क्या मतलब है?"

"इसलिए कि मैं इनसानों जैसे काम नहीं करता, उनकी तरह शक्ति का दुरुपयोग नहीं करता, प्रकृति को क्षति नहीं पहुँचाता और मैं अवतार...खैर, जाने दो!" कल्कि ने अचानक वाक्य अधूरा छोड़ दिया।

"अवतार?" मुझे आश्चर्य हुआ। मैंने उसका आखिरी शब्द सुन लिया था। "अवतार की बात कहाँ से आ गई? तुम किस अवतार की बात कर रहे हो?"

"तुम अवतार के विषय में क्या जानते हो?" कल्कि ने फिर सवाल के बदले सवाल करके मुझे भटका दिया था। हर बार उसकी बात में कुछ ऐसा होता, जो मेरा ध्यान आकर्षित कर लेता था।

"मुझे सिर्फ इतना याद है कि मेरे पिता कभी-कभी मुझे अवतारों की कहानियाँ सुनाते थे," मैंने कहा। "लेकिन मैं तब बहुत छोटा था, इसलिए मुझे कुछ याद नहीं है। मुझे इस विषय में बहुत रुचि है। लेकिन पिताजी फौज में थे, इसलिए मुझे उनसे ज्यादा कहानियाँ सुनने का मौका नहीं मिला। इस बार वह घर आएँगे तो मैं उनसे भगवान् और उनके अवतारों की कथा जरूर सुनूँगा।" यह कहते-कहते मेरे चेहरे पर आई खुशी सहसा मायूसी में बदल गई क्योंकि

पिताजी कब आएँगे, यही तो असली प्रश्न था!

कल्कि ने मेरी ओर देखा। उसने मेरी व्याकुलता को महसूस कर लिया था। वह बोला, "तुम्हें क्या लगता है कि भगवान् अवतार के रूप में क्यों प्रकट होते हैं?"

"मुझे नहीं पता," मैंने भोलेपन से कहा। "शायद बुरे लोगों को मारने के लिए!"

"हा! हा!!" कल्कि ने ठहाका लगाया। "यह तुमसे किसने कहा?"

"मेरी माँ ने।"

"तुम्हारी माँ ने तुम्हें क्या बताया है?" कल्कि ने पूछा।

"उन्होंने कहा कि श्रीराम भगवान् के अवतार थे और उन्होंने रावण को मारा था," मैंने उत्तर दिया। "रावण राक्षस था और उसने बुरे काम किए, इसलिए उसे मारने के लिए भगवान् विष्णु ने राम का अवतार लिया था।"

"इनसान किसी भी बात का बड़ी जल्दी निष्कर्ष निकाल लेता है," कल्कि ने फिर इनसानों पर आरोप लगाया।

कल्कि की यह बात ठीक थी कि इनसान बात को सिर्फ इसलिए सुनते हैं कि उन्हें बदले में कुछ कहना होता है। उन्हें बोलने की हमेशा जल्दी रहती है लेकिन कल्कि सचमुच आम इनसानों जैसा नहीं था। वह हर बात को ध्यान से सुनता था और फिर उसका सीमित, किंतु सटीक उत्तर देता था। मैंने उसके चेहरे पर खीझ या जल्दबाजी कभी नहीं देखी।

कल्कि ने आगे कहा, "लोग समझते हैं कि भगवान् केवल बुरे लोगों को मारने के लिए अवतार लेते हैं लेकिन बात केवल इतनी नहीं है।"

"तो फिर?" मैंने आश्चर्य से पूछा। "हमें तो बचपन से यही पढ़ाया गया है कि धरती पर अधर्म बढ़ता है तो भगवान् अवतार लेते हैं और धर्म की स्थापना करते हैं। इसमें गलत क्या है?"

"अवतार के विषय में यह बात गलत नहीं है," कल्कि ने सफाई दी। "गलती यह है कि तुम 'धर्म' शब्द को ठीक से नहीं समझते। समाज के कुछ वर्गों ने धर्म के सीमित अर्थ को निजी लाभ के लिए अपना हथियार बना लिया है। उन्होंने धर्म का वास्तविक मतलब नहीं समझा, बल्कि धर्म का डंडा दिखाकर लोगों को भयभीत किया है। ये लोग तुम्हारे मन में ईश्वर के प्रति प्रेम नहीं, डर पैदा करते हैं। इसीलिए आज आस्था का आधार प्रेम नहीं, भय बन चुका

है—ईश्वर का भय! कुछ समझे?"

"कुछ-कुछ!" मैंने कल्कि को ताकते हुए कहा।

"मेरा मतलब है कि लोग भगवान् से प्रेम नहीं करते, बल्कि उनसे डरते हैं!" कल्कि ने स्पष्ट किया।

"लेकिन हम तो अवतार के बारे में बात कर रहे थे," मैंने टोका। "तुम धर्म पर चर्चा क्यों करने लगे?"

"तुम्हारी याददाश्त खराब है; बादाम खाया करो!" कल्कि ने कहा, "तुम भूल गए कि 'धर्म' शब्द का प्रयोग पहले तुमने किया था। मैं तो केवल अर्थ बता रहा हूँ।"

"धर्म का अर्थ समझने में क्या है?" मैंने पूछा। "मैं एक हिंदू परिवार में पैदा हुआ, इसलिए मेरा धर्म हिंदू है। इसी तरह मुसलिम, ईसाई आदि अन्य धर्मों के लोग भी हैं। जो जिस परिवार में पैदा होता है, उसका वही धर्म हो जाता है।"

"यही तो समस्या है कि लोग बिना अर्थ समझे केवल शब्द को लेकर लड़ते हैं। अवतार के संदर्भ में धर्म का अर्थ हिंदू या मुसलिम नहीं है।"

"तो फिर?" मैंने सवाल किया, "मैं तो अब तक यही समझता था, और मैं क्या, सब यही समझते हैं। तुम्हारे अनुसार धर्म का क्या अर्थ है?"

कल्कि मुसकराया और बोला, "हम कुछ देर के लिए मान लेते हैं कि अवतार के संदर्भ में धर्म का अर्थ हिंदू-मुसलिम से है। तुमने अभी कहा कि अवतार, अधर्म का नाश करता है। फिर मुझे बताओ कि अधर्म क्या है, जिसका नाश होता है?"

कल्कि का प्रश्न सुनकर मैं सोच में पड़ गया। "यह तो मैंने सोचा ही नहीं!" मेरे मुँह से निकल गया।

"तुम अभी छोटे हो, इसलिए कोई बात नहीं," कल्कि ने कहा। "दुःख की बात यह है कि सारी दुनिया धर्म और अधर्म का वास्तविक अर्थ भूल चुकी है और केवल हिंदू-मुसलिम, तक सीमित रह गई है। जिस दिन इनसान धर्म और अधर्म का अंतर समझ जाएगा, उस दिन के बाद भगवान् को अवतार लेने की जरूरत ही नहीं पड़ेगी।"

"तुम फिलहाल मुझे इसका अर्थ समझाओ," मैंने उत्सुकता से कहा। मैं इस बात से उत्तेजित था कि मुझे वह बात समझ में आने वाली थी, जो दुनिया में कोई और नहीं समझता था! बाल-बुद्धि मोम की तरह होती है, जो जिज्ञासा

की जरा-सी गरमी पाकर नरम पड़ जाती है।

"तुम्हें यहाँ धर्म को 'ड्यूटी' यानी कर्तव्य की तरह देखना चाहिए," कल्कि ने थोड़ा सोचकर उत्तर दिया। "तुमने सुना होगा कि हमें कोई हमारा कर्तव्य बताता है तो कहता है कि यह तुम्हारा धर्म है, तुम्हें इसे निभाना है।"

"हाँ, यह तो मैंने सुना है," मैंने तुरंत कहा। "परंतु कभी यह नहीं सोचा कि धर्म का एक अर्थ कर्तव्य भी हो सकता है।"

"पहले नहीं सोचा तो अब सोच लो!" कल्कि बोला। "निष्ठा के साथ अपना कर्तव्य निभाना धर्म है और कर्तव्य से बचना या उसे ठीक से न निभाना ही अधर्म है!" यह कहकर कल्कि चुप हो गया और मुझे देखने लगा।

"आज यह बात समझ में आई," मैंने खुश होकर कहा।

"लेकिन मेरी बात अभी खत्म नहीं हुई," वह बोला। "क्या तुम बता सकते हो कि तुम्हारे गाँव के काम को सुचारु ढंग से चलाने की जिम्मेदारी किसकी है?"

"गाँव के मुखिया, यानी सरपंच की!" मैंने जल्दी से कहा। मुझे विश्वास था कि मेरा यह उत्तर अवश्य ठीक होगा। "गाँव में जब कभी कोई विवाद या झगड़ा होता है तो सरपंच ही उसका फैसला करके उसे सुलझाते हैं।"

"तुम्हारा यह जवाब भी गलत है!" कल्कि ने मुझे फिर मायूस कर दिया। "तुम्हें पता होना चाहिए कि चाहे गाँव हो या राज्य अथवा देश, उसे चलाने की सारी जिम्मेदारी सरपंच या राजा की नहीं, बल्कि तुम्हारी, मेरी, हम सबकी भी है। प्रत्येक गाँववासी और देश का हर नागरिक इस व्यवस्था रूपी मशीन का छोटा-सा, लेकिन महत्त्वपूर्ण पुरजा है। तुम्हारी निष्ठा इस मशीन में पड़ा तेल है और तुम्हारा व्यक्तिगत योगदान, मशीन को चलानेवाली ऊर्जा है। तंत्र या व्यवस्था का संचालक मशीन की कार्यशैली पर केवल नजर रखता है। लेकिन वास्तव में इसे चलानेवाले तुम, मैं और हमारे जैसे लाखों पुरजे हैं। ये पुरजे जब अपना काम ठीक से नहीं करते, यानी अपना धर्म त्याग देते हैं तो पूरी मशीन में अधर्म का जंग लग जाता है और समूची व्यवस्था असंतुलित होकर चरमराने लगती है।"

मुझे यह सोचकर बहुत आश्चर्य हुआ कि कल्कि की बातें गंभीर होते हुए भी आसानी से समझ में आ रही थीं।

कल्कि आगे बोला, "व्यवस्था के प्रबंधन को हम अंग्रेजी में 'गवर्नेंस' कहते हैं। मोटे तौर पर व्यवस्था की देख-रेख का दायित्व राजा पर होता है, इसलिए गवर्नेंस को तुम राजा का धर्म, यानी 'राज-धर्म' कह सकते हो। गवर्नेंस के भी

दो प्रकार हैं—गुड गवर्नेंस और बैड गवर्नेंस!"

"अब यह क्या नया लाए हो?" मैंने चकित होकर पूछा। मुझे कल्कि द्वारा प्रयुक्त अंग्रेजी शब्दों के प्रयोग पर भी आश्चर्य हो रहा था लेकिन मैंने उसे टोकना उचित नहीं समझा।

"यदि मशीन के पुरजे शोर करें तो इसका अर्थ हुआ कि मशीन ठीक से काम नहीं कर रही, यानी व्यवस्था की देख-रेख में कुछ गड़बड़ है। मशीन खराब हो जाए तो संचालक पर दोष आता है। इसे बैड गवर्नेंस, यानी कुशासन कहते हैं। तुम इसे प्रशासन-व्यवस्था का अधर्म मान सकते हो। यदि वही मशीन बिना शोर किए सुचारु काम करती रहे तो इसका मतलब यह है कि प्रशासन सही ढंग से चल रहा है और लोगों को कोई समस्या या कष्ट नहीं है। इसे हम गुड गवर्नेंस, यानी अच्छा शासन कहते हैं, जैसे हम श्रीराम के समय में 'राम-राज्य' को कहते थे!" कल्कि ने अपनी बात खत्म कर दी।

"यह कर्तव्य वाला धर्म तो हिंदू-मुसलिम वाले धर्म से एकदम अलग निकला!" मैंने चहककर कहा। इस बार कल्कि ने मुझे उलझाया नहीं, बल्कि उलझी हुई बात को बड़ी सरलता से समझा दिया था। मुझे उसकी बौद्धिक परिपक्वता पर आश्चर्य हो रहा था। उसकी बातें परत-दर-परत खुल रही थीं और मेरा भ्रम दूर होता जा रहा था।

"बिल्कुल! अब तुम खुद बताओ, इनसान ने धर्म की अवधारणा को अपने लाभ के लिए बिगाड़ा है या नहीं?" कल्कि ने सीधा प्रश्न किया।

"हाँ, यह तो है," मैंने कहा। "लेकिन हमें धर्मग्रंथों से ही तो ईश्वर और उसके अवतारों के बारे में पता लगता है। ऐसे में, क्या धर्म आध्यात्मिक ज्ञान का स्रोत नहीं है?" मैंने एक बार फिर कल्कि के तर्क में दोष खोजने का प्रयत्न किया। मुझे यह अंदाजा नहीं था कि मैं जिसमें दोष तलाश रहा था, वह कल्कि अपने आप में संपूर्ण पुरुष था।

"तुम फिर हिंदू-मुसलमान वाले धर्म की तरफ मुड़ रहे हो," कल्कि ने सावधान किया। "वास्तव में हिंदू, मुसलिम, ईसाई, सिख, बौद्ध आदि को धर्म न मानकर केवल 'संप्रदाय' समझना चाहिए। संप्रदाय ऐसे लोगों का समूह होता है, जो किसी विशेष परंपरा को मानते हैं। इसलिए संप्रदाय के अनेक रूप और प्रकार हैं। इन्हीं समूहों के स्व-घोषित मुखियाओं ने अपना परचम बुलंद करने के उद्देश्य से तरह-तरह के अंधविश्वास गढ़े, लोगों के बीच जाति और भेदभाव

के बीज बोए, उनमें परस्पर मन-मुटाव पैदा किया और फिर वैर एवं घृणा का व्यापार चलाया। सच कहूँ तो 'धर्म' शब्द के दुरुपयोग से ही समाज में अधर्म और अव्यवस्था फैलती है।"

"तुम तो पहुँचे हुए पंडित मालूम होते हो!" मैंने हँसते हुए कहा। "परंतु याददाश्त तुम्हारी भी खराब है। तुम भी बादाम खाया करो।"

"रमानाथ! तुम सोच रहे होगे कि मैं असली बात भूल गया, लेकिन मैं कुछ नहीं भूलता। मुझे याद है कि हम ईश्वर के अवतार पर चर्चा कर रहे थे। मैं उसी विषय पर वापस आ रहा हूँ।"

मेरी एक भी तरकीब कल्कि पर सफल नहीं हुई थी। मैं इस बार भी गलत साबित हुआ। उसे याद था कि हमारी चर्चा का विषय क्या था। मैं कुछ कहता, उससे पहले ही कल्कि ने बोलना शुरू कर दिया।

"मैंने तुम्हें बताया कि प्रशासन और व्यवस्था को दुरुस्त रखने का पहला कर्तव्य राजा का होता है। समाज में बुराई को बढ़ने से रोकना और बिगड़ती व्यवस्था को सँभालना राजा का धर्म है, लेकिन कभी-कभी राजा स्वयं अहंकार या लोभ या दोनों कारणों से निष्क्रिय और अक्षम हो जाता है। वह स्वयं समाज में विकार और असंतुलन को बढ़ावा देता है तथा परोक्ष रूप से उसका हिस्सा बन जाता है। वह तंत्र रूपी लकड़ी की घुन से रक्षा करने के बजाय खुद ही उसका भक्षक बन जाता है। धर्म और अधर्म, संसार के तराजू के दो पलड़े हैं। राजा अक्षम हो तो धर्म की क्षति होने लगती है और सन्मार्ग पर चलनेवाले लोगों की संख्या घट जाती है। इससे अधर्म और अव्यवस्था का पलड़ा भारी हो जाता है, जिसे फिर साधने के लिए ईश्वर स्वयं अवतार लेकर तराजू को थाम लेते हैं। अवतार के आते ही अधर्म पैदा करनेवाले तत्त्वों को तंत्र से निकाल फेंका जाता है, जिससे धर्म का पलड़ा स्वतः भारी होने लगता है। इससे प्रशासन की बाँहों में लगा निष्क्रियता का जंग झड़कर गिर जाता है और मशीन के कल-पुरजे फिर से पूरी ऊर्जा और उत्साह के साथ काम में लग जाते हैं।"

"क्या इसका अर्थ यह हुआ कि अवतार का मुख्य उद्देश्य सृष्टि का विनाश करना नहीं, बल्कि केवल अव्यवस्था और असंतुलन को दूर करना है?" मैंने कल्कि को संशय भरी दृष्टि से देखते हुए पूछा।

"हाँ, बिल्कुल ऐसा ही है!" कल्कि भी खुश था। "तुम्हें और कुछ पूछना है?"

मैं एक पल सोचने लगा, फिर मैंने कल्कि से प्रश्न किया, "अव्यवस्था फैलाने वाले तत्त्वों में सामाजिक एवं आर्थिक स्तर पर अंतर होता है। क्या इनको दंड देने का ईश्वर का तरीका भी अलग-अलग है?"

कल्कि ने एक गहरी श्वास छोड़ी और कहा, "ईश्वर, राजा और रंक में भेद नहीं करता। उसे केवल 'धर्मी' और 'अधर्मी' का अंतर समझ में आता है। वैसे तो ईश्वर शांति से अपना कार्य करते हैं, लेकिन आवश्यकता पड़ने पर युद्ध का सहारा भी लेना पड़ता है।"

"ईश्वर के अवतार के पास तो अलौकिक शक्तियाँ होती हैं, फिर उसे युद्ध की जरूरत क्यों पड़ती है?" मेरे प्रश्न गंभीर होते जा रहे थे।

कल्कि ने सोचकर कहा, "मनुष्य रूप में जन्म लेने के कारण अवतार की गतिविधियाँ भी मनुष्य जैसी होती हैं। वह देखने-सुनने में मनुष्य के समान होता है, परंतु अपनी जीवन-शैली के माध्यम से जन-साधारण को यह संदेश देता है कि वे यदि चाहें तो अव्यवस्था से लड़कर जीत सकते हैं। अवतार का जीवन प्रेरणा देता है कि मनुष्य में असाधारण कार्य करने की समस्त संभावनाएँ मौजूद हैं।"

"परंतु मनुष्य को प्रेरणा देने के लिए अवतार का युद्ध करना क्यों जरूरी है?" मैंने अगला सवाल कर दिया। "युद्ध में रक्तपात होता है। इस काम को क्या शांति से नहीं किया जा सकता?"

"यह अच्छा सवाल है!" कल्कि को भी मेरे प्रश्नों का उत्तर देने में आनंद आ रहा था। "यह बात सही है कि युद्ध नहीं होना चाहिए। इसमें निर्दोष लोगों का खून बहता है। लेकिन कई बार समस्या विकट रूप ले लेती है और उसके समाधान के लिए विनाश आवश्यक हो जाता है। यह मत सोचना कि ईश्वर अचानक युद्ध करने आ जाते हैं। वे प्रत्येक अधर्मी को भूल सुधारने का एक अवसर जरूर देते हैं। अगर वह अपनी गलती नहीं सुधारता तो फिर विनाश होना तय है।"

"तुम यह कैसे कह सकते हो कि अवतार भूल-सुधार का एक मौका जरूर देता है?" मैंने पूछा।

कल्कि ने समझाया, "तुम्हें याद होगा कि राम और कृष्ण, दोनों ने अपने सबसे बड़े शत्रु को मारने से पहले उन्हें अपनी गलती सुधारने का अवसर दिया था। वह चाहे कंस हो या शिशुपाल अथवा कौरव, श्रीकृष्ण ने सबको पहले समझाने की कोशिश की थी। कौरवों के पास तो कृष्ण स्वयं शांति-दूत बनकर गए थे और उन्हें पांडवों से संधि करने का प्रस्ताव भी दिया था। परंतु हठधर्मी

दुर्योधन ने उनकी बात नहीं मानी। आखिर, श्रीकृष्ण के नेतृत्व में पांडवों के हाथों कौरव मारे गए। इसी तरह श्रीराम ने भी लंकापति रावण से अंतिम और निर्णायक युद्ध करने से पहले बाली-पुत्र अंगद को शांति-प्रस्ताव लेकर रावण के पास भेजा था। परंतु रावण ने प्रस्ताव अस्वीकार कर दिया और अंगद को अपमानित भी किया। आखिर, श्रीराम के हाथों रावण का वध हुआ।"

"इसका मतलब हुआ कि विनाश से पहले एक चेतावनी सबको मिलती है?" मैंने पूछा।

"हाँ," कल्कि ने कहा। "यह विधि का विधान है। प्रकृति हमारी माँ है। वह हमें संतान समझकर कुछ समय शरारत और खिलवाड़ करने देती है, लेकिन इसका यह अर्थ नहीं कि हम अपनी मर्यादा भूल जाएँ और सीमाओं का अतिक्रमण करने लगें। ऐसा होने पर एक चेतावनी अवश्य मिलती है। उस चेतावनी को समझना या उसकी उपेक्षा कर देना व्यक्ति के अपने हाथ में होता है। कहते हैं, बीता अवसर फिर नहीं आता। इसलिए मनुष्य को प्रकृति के संकेत को समय रहते समझ लेना चाहिए, अन्यथा प्रकृति के साथ खिलवाड़, मनुष्य के लिए आपदा और विनाश का कारण बन सकता है।"

"यह तुमने बहुत काम की बात कही!" मैंने कल्कि से कहा। "वैसे, विनाश के बाद सर्वत्र शांति हो जाती होगी। कितना अच्छा लगता होगा!" मेरे मुँह से निकल गया।

"विनाश से पहले और उसके बाद की शांति में अंतर होता है। दोनों की आहट भी अलग होती है। कई बार व्यक्ति समझ नहीं पाता कि जीवन में आई शांति विनाश से पहले की है या बाद की!" कल्कि के उत्तर ने मुझे फिर दुविधा में डाल दिया।

मैं तालाब की शांत सतह को देखने लगा। बहती नदी में कितने भी पत्थर फेंकिए, वे नदी के तेज बहाव और शोर में गुम हो जाते हैं, लेकिन तालाब में गिरा एक छोटा-सा कंकड़ भी पानी की सतह पर अनगिनत घेरे बना देता है। कल्कि की आखिरी बात ने मेरे मन के तालाब में भी बहुत-से घेरे बना दिए थे। मेरे भीतर अजीब-सा रोमांच पैदा हो गया था।

मुझे फिर अपने पिता का ध्यान आ गया और उनकी चिंता होने लगी। मैं कल्कि की बातों के भँवर से बाहर निकला तो फिर वही पुराना प्रश्न दिमाग की सतह पर उभर आया—पिताजी को युद्ध के बाद घर लौटने की खुशी क्यों नहीं हो रही थी?

कल्कि मन की बात जानता है, इसलिए वह मेरा प्रश्न और उसका उत्तर भी अवश्य जानता होगा। मैंने मुड़कर कल्कि की ओर देखा। लेकिन वहाँ कोई नहीं था। कल्कि जा चुका था। उसका स्वर हवा में गूँज रहा था, "जल्द मिलूँगा!"

□

7

5 जनवरी, 1919

मुझे कल्कि का चुपचाप उठकर चले जाना अजीब लगा। उसकी हर बात विचित्र थी, फिर भी मैं उससे मिलकर खुश था। उसे बहुत-से ऐसे विषयों का ज्ञान था, जिन पर बुद्धिजीवी भी स्पष्टता से नहीं बोल सकते थे।

एक दिन मैं घर पहुँचा तो दोपहर हो गई थी और माँ खाना बनाने की तैयारी कर रही थीं। सुजाता का मन पढ़ने में कम ही लगता था। उसका अधिकांश समय घर में गुड़िया से या पड़ोस की छोटी बच्चियों के साथ खेलने में बीत जाता था। उस दिन भी वह खेल में लगी थी। माँ का मन खुश था, क्योंकि लड़ाई खत्म हो गई थी और पिताजी किसी भी दिन घर लौट सकते थे। माँ का सुख-दु:ख चेहरे पर झलक आता था। उनके भाव पढ़ने में मुझे कभी मुश्किल नहीं हुई।

मैं कुछ देर माँ को देखता रहा। मुझे पिताजी की चिट्ठी में जो बात बार-बार महसूस हो रही थी, मैं उसका उल्लेख करके माँ को दु:खी नहीं करना चाहता था। उन्होंने इस पल के लिए चार साल से ज्यादा इंतजार किया था। उन्हें बड़ी मुश्किल से थोड़ा-सा सुख और मानसिक शांति मिली थी। मैं उनकी शांति भंग नहीं करना चाहता था।

शांति! यह शब्द मेरे दिमाग में गूँजा तो मैं ठिठक गया। कल्कि ने चलते समय कहा था कि जीवन में आई शांति का वास्तविक आशय पता करना मुश्किल होता है। क्या माँ के चेहरे पर छाई शांति का कल्कि की इस बात से कोई संबंध था? माँ के चेहरे पर सुख का भाव विनाश के बाद का था या पहले का? युद्ध तो खत्म हो चुका था...फिर...फिर क्यों मेरा मन इस उधेड़बुन में पड़ा था कि पिताजी घर लौटेंगे या नहीं? क्यों मुझे बार-बार लगता था कि हमें अभी एक और मुश्किल लड़ाई देखनी थी?

मैंने सोचा कि माँ को कल्कि के बारे में बता दूँ, फिर लगा कि माँ को उसकी आश्चर्यजनक बातें बताऊँगा तो वे और परेशान हो जाएँगी। कल्कि मुझे अचानक

छोड़कर चला गया था। कौन जाने, वह लौटकर आएगा या नहीं! वह नहीं लौटा तो सब मुझ पर हँसेंगे, इसलिए मैंने चुप रहना उचित समझा।

कल्कि से मिले कई दिन बीत चुके थे, लेकिन उसकी आवाज मेरे कानों में अब तक गूँज रही थी। मुझे विश्वास था कि वह मुझसे मिलने जरूर आएगा। मैंने खाना खाया और लेट गया। मुझे लेटते ही नींद आ जाती थी और प्राय: कोई स्वप्न भी दिखता था। उस दिन भी मैंने एक सपना देखा। वह बहुत अजीब था।

मैंने देखा, मैं हवा में उड़ रहा हूँ। फिर मैंने नीचे नजर डाली तो मुझे जमीन की जगह बादल दिखाई पड़े। मुझे लगा जैसे धरती उलटी होकर ऊपर चली गई थी और आकाश नीचे उतर आया था। शुरू में दृश्य धुँधला था, फिर धीरे-धीरे वह स्पष्ट हुआ तो मैंने देखा कि मैं एक सफेद घोड़े पर सवार था और मेरे पीछे कल्कि बैठा था। घोड़ा हवा से बातें करता उड़ रहा था। उसके पैरों के नीचे रुई जैसे बड़े-बड़े नरम बादल तैर रहे थे। मैंने पहले भी विचित्र स्वप्न देखे थे, लेकिन इतना रोमांचक सपना पहली बार देखा था। मुझे कुछ समझ नहीं आ रहा था। मैंने ध्यान से उस घोड़े को देखा और धीरे-से काँपते हाथों से उसके नरम सुनहरे अयाल को स्पर्श किया। घोड़े ने गरदन घुमाई और मुझे देखने लगा। उसकी आँखें नीली थीं, शरीर जबरदस्त ढंग से गठा था। उसकी मांसपेशियों का उभार किसी को भी अचंभित कर सकता था। मैंने नीली आँखोंवाला ऐसा शानदार, तेज और उड़नेवाला घोड़ा पहली बार देखा था।

"यह बड़ा विचित्र घोड़ा है! यह किसका है?" मैंने पीछे बैठे कल्कि से पूछा। मुझे लगा, मेरे शब्द कल्कि के कानों तक पहुँचने से पहले ही हवा में बिखर जाएँगे, लेकिन ऐसा नहीं हुआ। कल्कि ने मेरी बात सुन ली थी।

"यह मेरा घोड़ा है!" कल्कि ने कहा, "इसका नाम देवदत्त है।"

"तुम्हारे पास घोड़ा भी है?" मैंने मुसकराते हुए पूछा, "तालाब पर तो अकेले आते हो। वहाँ इसे क्यों नहीं लाते?"

"मैं आवश्यकता के अनुसार ही चीजों का उपयोग करता हूँ," कल्कि ने उत्तर दिया। "तालाब तक पैदल आ सकता हूँ परंतु तुम्हें आकाश की सैर करवाने के लिए देवदत्त को साथ लाना जरूरी था।"

"अभी हम कहाँ जा रहे हैं?" मैंने पूछा।

"स्वप्न में समय और स्थान की सीमाएँ नहीं होतीं, रमानाथ!" कल्कि ने फिर गूढ़ जवाब देकर मुझे शांत कर दिया। आश्चर्य की बात थी कि कल्कि को यह भी पता था कि मैं स्वप्न देख रहा हूँ।

"परंतु मुझे कहीं ले जाने से पहले क्या मुझसे पूछना नहीं चाहिए?" मुझे कल्कि का मनमानी करना खटक रहा था।

"मेरी तरह देवदत्त को भी पता है कि तुम किससे मिलना चाहते हो। संभव है, आज तुम्हें अपने प्रश्न का उत्तर मिल जाए!" कल्कि ने मुझे निरुत्तर कर दिया। मेरे पास उसकी बात का जवाब तो नहीं था, लेकिन बदले में पूछने को प्रश्न अवश्य था।

"क्या यह मुझे मेरे पिता के पास ले जा रहा है?" मैंने पूछा।

कल्कि का मुसकराता चेहरा अचानक गंभीर हो गया। उसने मेरे प्रश्न का उत्तर नहीं दिया, किंतु मैंने देखा कि उसने आगे झुककर एक हाथ से देवदत्त की गरदन पर थपकी दी। कल्कि की थपकी देवदत्त के लिए आदेश थी। उसकी गति धीमी हुई और फिर वह थोड़ा नीचे उतर आया।

हम अभी तक बादलों के ऊपर थे इसलिए सब बहुत सुंदर दिख रहा था। परंतु बादलों से नीचे आते ही मुझे धरती के दृश्य दिखाई देने लगे। हम अपने देश से बहुत दूर निकल आए थे। हिमालय के पठार में स्थित मैदानी इलाकों की हरियाली, नदियाँ, झीलें, तालाब, पोखर—सब पीछे छूट गए थे। उनकी जगह सूखे मरुस्थल और कँटीले वृक्षों व झाड़ियों के अतिरिक्त कुछ दिखाई नहीं देता था। मैंने चारों तरफ नजर घुमाई। धूल के बवंडर उठ रहे थे और ऊँटों का बहुत लंबा काफिला अनंत तक फैले रेगिस्तान को पार करने की कोशिश में आगे बढ़ता जा रहा था।

"यह कौन-सी जगह है?" मैंने कल्कि से पूछा।

"यह अरब देश है!" कल्कि ने उत्तर दिया।

"मुझे यहाँ क्यों लाए हो? मुझे घर वापस जाना है।" मेरे मन में रोमांच की जगह डर पैदा होने लगा।

कल्कि ने कुछ नहीं कहा। उसने देवदत्त के सिर को सहलाया। यह भी देवदत्त के लिए संकेत था। देवदत्त की गति वायु से भी तेज हो गई। वह इतना तेज दौड़ रहा था कि मुझे सामने के दृश्य दिखने बंद हो गए। मुझे केवल यह पता था कि मैं हवा में हूँ, लेकिन आसपास या नीचे कुछ दिखाई नहीं पड़ रहा था।

"देवदत्त से कहो, धीरे चले!" मैं चिल्लाया, "मुझे डर लग रहा है। मैं गिर जाऊँगा!"

"मैं जिसे थाम लेता हूँ, वह कभी नहीं गिरता!" कल्कि की आवाज तेज हवा में भी साफ सुनाई दे रही थी।

मैंने अपनी आँखें बंद कर लीं और तय किया कि देवदत्त के रुकने तक कुछ नहीं देखूँगा। मुझे अधिक प्रतीक्षा नहीं करनी पड़ी। कुछ ही पल में मेरे आसपास सब शांत हो गया। मुझे लगा, देवदत्त धरती पर उतर आया है। फिर भी मैंने आँखें नहीं खोलीं। मैं आश्वस्त हो जाना चाहता था कि आँखें खोलने पर पहले की तरह कोई तूफानी दृश्य देखने को नहीं मिलेगा।

"रमानाथ, आँखें खोलो," कल्कि ने कहा।

मैंने आँखें खोलीं तो सूरज की तेज रोशनी ने एक पल के लिए मुझे अंधा कर दिया। फिर मैंने धीरे-से नीचे देखा। मेरा अनुमान गलत था। देवदत्त नीचे नहीं उतरा था, बल्कि वह हवा में स्थिर खड़ा था। हम धरती से थोड़ी ऊँचाई पर थे और मुझे नीचे का दृश्य साफ दिख रहा था। मैंने चारों ओर नजर दौड़ाई तो मेरा खून जम गया!

"यह क्या है?" मैंने चौंककर पीछे बैठे कल्कि से पूछा।

"तुम्हारे प्रश्न का उत्तर!" वह बोला।

"कौन-सा प्रश्न?"

"तुम्हारे मन में एक ही तो प्रश्न है," कल्कि ने सहजता से कहा।

मेरे मुँह से निकला, "मेरे पिता!"

"हाँ!" कल्कि बोला, "तुम अपने पिता के बारे में सोच रहे थे कि वे कैसे होंगे और घर क्यों नहीं लौटना चाहते? यही प्रश्न था न तुम्हारा?"

"ओह! तुम यह भी जानते थे? फिर भी तुमने मुझे नहीं बताया?" मुझे कल्कि की यह बात अच्छी नहीं लगी।

"हाँ, मुझे पता था, लेकिन मैं चाहता था कि तुम अपनी आँखों से वह दृश्य देखो, जिसे तुम्हारे पिता ने चार साल तक जिया है। तब शायद तुम उनकी मनोदशा को समझ सकोगे। यही कारण है कि मैं तुम्हें यहाँ लेकर आया हूँ।"

नीचे एक विशाल मैदान था, जिसका ओर-छोर देख पाना मुश्किल था। वह मैदान शवों से पटा पड़ा था और जमीन कहीं ऊँची-नीची, कहीं पथरीली तो कहीं सपाट थी। हर जगह लाशों के ढेर लगे थे। देखने से लगता था कि रक्त व मांस से लथपथ उस मैदान पर कोई भयानक और नृशंस युद्ध लड़ा गया था। कहीं जली हुई तोपें धुआँ उगल रही थीं तो कहीं मशीनगनों से निकली गोलियों के हजारों खाली छर्रे पड़े थे। चील और गिद्धों की बड़ी-बड़ी टोलियाँ मैदान के किनारे बैठ शवों को नोच खाने का इंतजार कर रही थीं। यह दृश्य ठीक वैसा ही

था, जैसा मेरे पिताजी ने एक पत्र में लिखा था। देवदत्त थोड़ा और नीचे उतरा तो मैंने नाक बंद कर ली। सड़े मांस और जले हुए रक्त की दुर्गंध मेरे रोम-रोम में समा गई। उसके साथ मुझे एक और अनजानी, लेकिन तीखी गंध महसूस हो रही थी। मैंने अपने पिता की चिट्ठी में पढ़ा था कि उस लड़ाई में जहरीली मस्टर्ड गैस का हथियार की तरह प्रयोग किया गया था। यह शायद उसी गैस की गंध थी। उसमें साँस लेना भी मुश्किल था। हम ऊँचाई पर थे, इसलिए मुझे उसका अधिक प्रभाव महसूस नहीं हुआ।

"इतनी तबाही!" मेरे मुँह से निकला। "यह कैसा युद्ध है, जिसने लाखों लोगों की बेवजह जान ले ली है? तो क्या मेरे पिता भी··· ?" मैंने डरते हुए पूछा। मुझे अपने पिता के जीवित होने पर संदेह होने लगा था।

"कहाँ हैं मेरे पिता? वह मुझे दिखाई क्यों नहीं देते? क्या तुम मुझसे कुछ छिपा रहे हो?" मेरी आँखों से आँसू बहने लगे और गला रुँध गया। मैं बेचैन हो गया था। मेरे लिए कल्कि के रहस्यों से भरी पोटली का बोझ सहन करना मुश्किल हो रहा था। मैं उसे खोलकर उसमें छिपे सब प्रश्नों के उत्तर एक साथ पढ़ लेना चाहता था।

"वे जिंदा हैं!" कल्कि ने मेरे मन का भय शांत करते हुए कहा। "मैं तुम्हें उन्हीं से मिलवाने लाया हूँ, परंतु मुझे दुःख है कि तुम आज उन्हें आखिरी बार देखोगे!"

"ऐसा मत कहो!" मैंने रोते हुए कहा। "हमने चार वर्ष तक उनका इंतजार किया है। घर पर मेरी माँ और बहन बेसब्री से पिताजी के लौटने की राह देख रहे हैं। माँ सुनेंगी तो उन्हें सँभालना कठिन हो जाएगा।"

"मुट्ठी-भर इनसानों की महत्त्वाकांक्षा की कीमत सारा संसार चुका रहा है," कल्कि ने कहा। "गेहूँ के साथ जैसे घुन पिस जाता है, उसी तरह आज कुछ दोषियों के कारण असंख्य निर्दोष मारे गए हैं। धरती पर प्रकृति के साथ खिलवाड़ का इससे बड़ा उदाहरण नहीं हो सकता।"

"मुझे अपने पिता से मिलना है," मैंने कल्कि को याचना-भरी दृष्टि से देखकर कहा।

कल्कि ने देवदत्त की गरदन पर फिर थपकी दी तो वह तुरंत बाईं ओर मुड़ गया और अगले ही पल हम किसी दूसरे मैदान के सामने खड़े थे। देवदत्त पहली

बार नीचे उतरा था। यहाँ का दृश्य भी बहुत विचित्र था।

चारों ओर भगदड़ मची थी। सब तरफ सफेद पोशाक में डॉक्टर और नर्सें दिखाई पड़ीं। सबने अपने-अपने मुँह और नाक पर कपड़े का मास्क बाँध रखा था। सब डरे और सहमे हुए हाथों में दवाओं के डिब्बे लिये इधर से उधर दौड़ रहे थे। मैदान में सैकड़ों तंबू लगे थे और प्रत्येक तंबू में चार-चार बिस्तर बिछे थे। हर बिस्तर पर एक आदमी चादर ओढ़े लेटा था। साफ दिखता था कि वे सब बीमार थे। उनके भी चेहरों पर मास्क बँधे थे। उनके नैन-नक्श देखकर लगता था कि वे सब अलग-अलग देशों के रहनेवाले थे। कुछ मरीज शांत, लेकिन उदास थे। अधिकांश बीमार छटपटा रहे थे। कुछ की हालत इतनी खराब थी कि वे पछाड़ मारते और फिर बिस्तर पर गिर जाते थे। उन्हें साँस लेने में परेशानी हो रही थी। चारों ओर से मरीजों के खाँसने की आवाजें आ रही थीं। कुछ ने बिस्तर के पास उलटी कर दी थी। कुछ की उलटी में खून भी था। गंदगी को साफ करने के लिए उस काम-चलाऊ अस्पताल में सफाईकर्मी कम पड़ गए थे। डॉक्टर और नर्स अपनी ओर से भरपूर प्रयास कर रहे थे। बहुत-से लोगों ने तो मेरी आँखों के सामने तड़पते हुए दम दोड़ दिया। सबकी स्थिति एक-सी थी। मैं बहुत देर तक वह दृश्य देखता रहा। निश्चित तौर पर वे सब एक ही तरह के रोग से ग्रस्त थे।

"इन्हें क्या हुआ है ?" मैंने कल्कि से प्रश्न किया।

"ये बीमार हैं," वह बोला।

"यह तो मुझे भी दिख रहा है," मैंने झल्लाकर कहा। "लेकिन यह कैसी बीमारी है, जिसने सैकड़ों लोगों को एक साथ अपनी चपेट में ले लिया है ? इनकी स्थिति बिगड़ती जा रही है। डॉक्टर असहाय खड़े लोगों को अपने सामने मरता देख रहे हैं, लेकिन वे कुछ कर नहीं पा रहे हैं। हर कोई मरीज के पास जाने से घबरा रहा है। तुम यह कैसे-कैसे दृश्य दिखा रहे हो ? मेरे पिता कहाँ हैं ?"

"मेरे साथ चलो !" कल्कि ने कहा। फिर वह मेरा हाथ पकड़कर मुझे उसी मैदान के दक्षिणी छोर पर बने एक तंबू में ले गया। कल्कि ने पहली बार मेरा हाथ पकड़ा था। उसके स्पर्श ने मुझे भीतर तक स्पंदित कर दिया। उसके हाथ से एक चुंबकीय तरंग निकली और मेरा हाथ जैसे उसके हाथ से चिपक गया। मैंने कल्कि की ओर देखा, लेकिन वह चुपचाप चलता जा रहा था। ऐसे वातावरण में मुझे सुरक्षित रखने का यह शायद उसका अपना तरीका था। मैंने विरोध नहीं किया और उसके साथ चलता रहा। मैंने पलटकर देखा, लेकिन देवदत्त वहाँ नहीं था।

"देवदत्त कहाँ गया?" मैंने पूछा।

"चिंता मत करो, वह लौट आएगा।"

हम तंबुओं के बीच में से चलते हुए आगे बढ़ते गए। मैं हैरान था, किसी ने हमारी ओर ध्यान नहीं दिया।

"ये लोग हमें भीतर जाने से रोक क्यों नहीं रहे?" मैंने पूछा, "यहाँ बिना मास्क वाले केवल हम दोनों हैं। किसी ने हमसे कुछ पूछा तो हम क्या कहेंगे?"

"तुम भूल गए कि तुम सपना देख रहे हो! तुम्हें कोई नहीं देख सकता।"

कल्कि का उत्तर सुनकर मुझे ठंड में भी पसीना आ गया। पता नहीं, मेरे साथ क्या हो रहा था। मुझे नहीं पता कि मैं सचमुच अपने पिता के पास था या फिर यह सपना था। बहरहाल, मैंने शांत रहना उचित समझा। कल्कि चलता जा रहा था। फिर अचानक वह दाईं ओर मुड़ा और एक बिस्तर के पास रुक गया। बिस्तर पर एक आदमी लेटा था। उसके चेहरे पर भी मास्क था, इसलिए उसे एक नजर में पहचानना कठिन था। उसकी आँखें बंद थीं। मैं ध्यान से उसकी ओर देखता रहा। तभी कल्कि आगे बढ़ा और उसने पास खड़े डॉक्टर की परवाह न करते हुए बिस्तर पर लेटे मरीज के कान में कुछ कहा।

"बेटा रमानाथ!" सहसा उस व्यक्ति ने आँखें खोलीं और मेरा नाम पुकारा तो मैं चौंक गया। वे मेरे पिताजी थे—बिंदेश्वरनाथ त्रिवेदी!

"पिताजी!" मैं दौड़कर उनके निकट गया। "यह क्या हो गया? आप बीमार कैसे हो गए?"

उन्होंने बैठने की कोशिश की, लेकिन उनसे उठा नहीं गया। वे पछाड़ मारकर बिस्तर पर लेट गए। फिर उन्हें जोर से खाँसी उठी। खाँसी ऐसी, जिसे सुनकर लगता था कि फेफड़े बाहर आ जाएँगे। खाँसी थमी तो मैंने देखा, उनकी आँखें गीली थीं। वे सँभल पाते, उससे पहले उन्हें दोबारा खाँसी उठी और होंठ से खून की पतली धार बहकर चादर पर टपक गई। उन्होंने काँपते हाथों से चादर पर पड़ा खून का निशान छिपाने की कोशिश की, लेकिन उनसे यह भी नहीं हो पाया। उनकी साँस फूल रही थी। वे अपनी छाती सहलाने लगे। शायद उन्हें साँस लेने में कठिनाई हो रही थी।

मैं जोर-जोर से रोने लगा। कल्कि ने मेरे कंधे पर धीरे से हाथ रखा। मुझसे अपने पिताजी की हालत देखी नहीं जा रही थी। मैं चिल्ला-चिल्लाकर डॉक्टर से पिताजी को ठीक करने का आग्रह कर रहा था, लेकिन पास खड़े डॉक्टर ने मेरी तरफ ध्यान नहीं दिया, मानो मैं वहाँ था ही नहीं!

"माँ और सुजाता का ध्यान रखना!" पिताजी ने बड़ी मुश्किल से इतना कहा और फिर आँखें बंद कर लीं। मुझे नहीं पता कि वे जीवित थे या उनकी मृत्यु हो गई थी। मुझे यह भी नहीं पता कि मैं सचमुच अपने पिता के सामने था या फिर यह भी सपना था। किंतु मैंने अपने पिता को उसके बाद फिर कभी बोलते नहीं सुना।

"चलो रमानाथ!" कल्कि ने कहा। "तुम्हारे पिता सो चुके हैं। हमारे घर लौटने का समय हो गया है।"

मुझे कुछ नहीं सूझा। मैंने कल्कि का हाथ छोड़ा और अपने पिता से लिपटकर रो पड़ा। वे सचमुच सो गए थे—सदा के लिए! डॉक्टर ने उनके ऊपर पड़ी चादर को खींचा और उनका चेहरा ढक दिया। मरीज की मृत्यु के बाद डॉक्टर प्रायः ऐसा ही करते हैं।

कल्कि ने फिर से मेरा हाथ पकड़ा और मुझे लेकर अस्पताल से बाहर निकल गया। कुछ ही दूरी पर देवदत्त तैयार खड़ा था। मेरी आँखों से लगातार आँसू टपक रहे थे। कल्कि ने सहारा देकर मुझे देवदत्त पर बैठाया और फिर स्वयं मेरे पीछे बैठ गया। अगले ही क्षण मेरी आँखें खुल गईं। मैं उठा तो पसीने से लथपथ था। सपना टूट गया था और साथ ही, पिताजी के लौटने की उम्मीद भी!

□

8

6 जनवरी, 1919

मैं सोकर उठा तो मेरे हाथ-पैर ठंडे पड़े थे। मुझे इतनी गहरी नींद कभी नहीं आई। प्रायः मेरी नींद टूट जाती थी। लेकिन कल्कि से मिलने के बाद यह पहली बार हुआ था कि मैं बहुत देर तक सोता रहा। मेरी विवशता यह थी कि मैं इस सपने के बारे में माँ से कुछ नहीं कह सकता था। इसके दो कारण थे—एक, मुझे स्वयं उस स्वप्न पर विश्वास नहीं था और यदि होता तो भी वह था तो आखिर स्वप्न! दूसरा, माँ को उनके पति की बीमारी और मृत्यु की खबर सुनाने की हिम्मत मुझमें नहीं थी।

मेरे मन में अपने पिता को लेकर जो प्रश्न बहुत दिनों से घूम रहा था, उसका उत्तर तो स्वप्न में मिल गया, लेकिन उस एक उत्तर ने मन में कई नए प्रश्न पैदा कर दिए। मुझे अगले दिन के सूर्योदय की प्रतीक्षा थी।

मैं नियत समय पर तालाब पर पहुँच गया, परंतु काफी देर इंतजार के बाद भी कल्कि नहीं आया। मैं निराश होकर लौटने के लिए उठा तो देखा, कल्कि पीछे खड़ा मुसकरा रहा था।

"तुम्हें पता है, मैं कितनी देर से यहाँ बैठा हूँ?" मैंने अनमने ढंग से कहा। "देर से आए हो और अब मुसकरा रहे हो!"

"मैं कोई काम जल्दी या देर से नहीं करता!" उसने अपने स्वभाव के अनुसार घुमाकर उत्तर दिया। "मेरे सब कार्य नियत समय पर होते हैं। यह तुम्हारी समझ है कि तुम्हारे लिए क्या जल्दी और क्या देर है।"

"कल स्वप्न में जो हुआ, उसके बाद मुझे तुम्हारी किसी पहेली में रुचि नहीं है," मैंने चिढ़कर कहा। "मुझसे बात करना चाहते हो तो बाकी सब छोड़कर पहले मुझे अपने बारे में बताओ। तुम रोज मुझे बातों में उलझाकर मेरा ध्यान भटका देते हो। किंतु अब मेरे पिता वाला मुद्दा भी खत्म हो गया, इसलिए अपना पूरा परिचय दो, नहीं तो मैं जाता हूँ। जो होगा, देखा जाएगा!" यह कहकर मैंने मुड़कर जाने का दिखावा किया।

"हा-हा!" कल्कि जोर से हँसा और बोला, "तुम जाना नहीं चाहते तो फिर यह दिखावा क्यों?"

"तुमने भी तो दिखावा किया," मैंने पलटकर कहा। "तुम मेरे पिता के बारे में जानते थे, फिर भी तुमने कुछ नहीं बताया। तुम मेरे सपने में आए, मुझे युद्ध का मैदान दिखाया, उस भयानक बीमारी के खौफनाक दृश्य दिखाए, फिर मुझे पिताजी के पास ले गए और अंत में…" यह कहते-कहते मेरा गला भर आया।

कल्कि ने मेरा हाथ पकड़ा और बहुत प्यार से मेरे सिर पर हाथ फेरा। उसके जादुई स्पर्श से मेरे बहते आँसू थम गए और मैं चुपचाप उसके साथ तालाब की मुँड़ेर पर बैठ गया। *'यह साधारण इनसान तो नहीं है!'* मेरे मन में खयाल उठा, *'यह आखिर कौन है?'*

"तुम्हारा सोचना सही है," कल्कि बोला। "मैं तुम्हारी तरह साधारण मनुष्य नहीं हूँ। सुनो, आज तुम्हें अपने बारे में बताऊँगा! पहले दिन जब तुम मुझसे मिले थे तो मैंने संभल गाँव के ब्राह्मण दंपती का नाम लिया था।"

"कौन? विष्णुयश और सुमति?" मैंने पूछा। मुझे उनके नाम याद थे।

"हाँ, वे मेरे माता-पिता हैं!" कल्कि ने उत्तर दिया। "तुम्हें याद होगा कि उनके पुत्र को एक तपस्वी अपने साथ ले गए थे।"

"हाँ, मुझे याद है," मैंने कहा।

"मैं ही उनका वह पुत्र हूँ!" कल्कि ने कहा। "वह तपस्वी मुझे ही अपने साथ ले गए थे।"

कल्कि की इस बात ने मेरे होश उड़ा दिए। मैं उसके विषय में जानने को बेचैन था। प्रतीक्षा की घड़ी खत्म हो गई थी।

फिर कल्कि ने कहना शुरू किया—"आज से लगभग साढ़े तीन हजार वर्ष पहले की बात है। द्वापर युग में कुरु वंश भारतवर्ष का सबसे शक्तिशाली राजपरिवार हुआ करता था। हस्तिनापुर, उसकी राजधानी थी। कुरु वंश में धृतराष्ट्र और पांडु नाम के दो भाई हुए। धृतराष्ट्र बड़ा था, लेकिन वह जन्म से नेत्रहीन था। इस कारण हस्तिनापुर का राजसिंहासन छोटे भाई पांडु को मिल गया। फिर पांडु की अकस्मात् मृत्यु के बाद धृतराष्ट्र को भाग्य से वह राज्य प्राप्त हो गया। धृतराष्ट्र और उसकी पत्नी गांधारी ने सौ पुत्रों को जन्म दिया, जो संयुक्त रूप से 'कौरव' कहलाए। पांडु की दो पत्नियाँ थीं—कुंती और माद्री। इन दोनों से पांडु के कुल पाँच पुत्र हुए, जिन्हें संसार 'पांडव' के नाम से जानता है। कौरवों में दुर्योधन बड़ा था और

पांडवों में युधिष्ठिर। वे कहने को चचेरे भाई थे, किंतु दुर्योधन के मन में सिंहासन पाने का लालच बचपन में ही घर कर गया था। वह अपने नेत्रहीन पिता धृतराष्ट्र की भाँति राज्य नहीं खोना चाहता था। उसने कई बार पांडवों को छल से मारने का प्रयास किया, परंतु हर बार उसकी योजना असफल हो जाती थी। यही कारण था कि कौरवों के मन में पांडवों के प्रति ईर्ष्या का बीज पड़ गया। समय के साथ इस बीज ने वट-वृक्ष का रूप ले लिया, जिसकी जड़ों ने हस्तिनापुर की नींव हिला दी। भाइयों के बीच शत्रुता बढ़ती गई। राज्य का बँटवारा कर दिया गया। लेकिन कौरव संतुष्ट नहीं हुए। वे पांडवों से उनका सबकुछ छीन लेना चाहते थे। आखिर, दुर्योधन ने अपने धूर्त मामा शकुनि के साथ मिलकर छल से जुए में पांडवों का राज्य हड़प लिया। उनके बीच शांति के समस्त प्रयास विफल हो गए तो अंत में भगवान् श्रीकृष्ण संधि-प्रस्ताव लेकर हस्तिनापुर गए।"

"अच्छा! क्या इसीलिए तुमने कहा था कि भगवान् दुष्टों का संहार करने से पहले उन्हें भूल सुधारने का एक अवसर जरूर देते हैं?" मैंने पुरानी बात याद करते हुए कहा।

"हाँ, यह सच है," कल्कि बोला। "परंतु मूर्ख दुर्योधन के अहंकार का पेड़ इतना बड़ा हो गया था कि उसे श्रीकृष्ण का दिव्य रूप भी तुच्छ लगा। उसने कृष्ण को बंदी बनाने का आदेश दे डाला!"

"क्या सच में ऐसा हुआ?" मैंने पूछा। मुझे दुर्योधन की मूर्खता पर हँसी आ रही थी।

"बिल्कुल! फिर श्रीकृष्ण ने अपना अवतार रूप दिखाते हुए कुरु राज-सभा में यह घोषणा कर दी—'जहाँ सत्य है, वहाँ मैं हूँ और जहाँ मैं हूँ, वहीं विजय है!' इस तरह देखें तो युद्ध से पहले ही हार-जीत का निर्णय हो चुका था। परंतु जब मनुष्य का काल निकट होता है तो सबसे पहले विवेक साथ छोड़ता है। कौरवों के साथ भी यही हुआ। उनका अंत उनके सामने था, इसीलिए दुर्योधन लगातार गलतियाँ करता गया। बहुत समझाने के बाद भी उसने किसी की बात नहीं मानी। आखिरकार, महाभारत का भीषण युद्ध हुआ और उसका परिणाम तुम जानते हो।" यह कहकर कल्कि चुप हो गया।

"यह तो महाभारत की कहानी है," मैंने कहा। "यह तो मुझे भी पता है। प्रश्न यह है कि तुम कौन हो और इन घटनाओं से तुम्हारा क्या संबंध है?"

"धैर्य रखो, बता रहा हूँ," कल्कि बोला। "युद्ध समाप्त हुआ तो दुर्योधन

समेत सभी कौरव भाई मारे जा चुके थे। उनकी सेना में अश्वत्थामा, कृतवर्मा और कृपाचार्य को छोड़कर कोई जीवित नहीं बचा। अश्वत्थामा से यह पराजय सहन नहीं हुई और उसने पांडवों का अंत करने के उद्देश्य से ब्रह्मास्त्र का प्रयोग कर डाला। तुम ब्रह्मास्त्र समझते हो?"

"हाँ, वह एक शक्तिशाली दिव्यास्त्र होता है," मैंने अपने सीमित ज्ञान का परिचय दिया।

"शक्तिशाली तो सभी दिव्यास्त्र होते हैं!" कल्कि ने सहजता से कहा। "तुम ब्रह्मास्त्र की तुलना किसी आधुनिक विनाशकारी हथियार से कर सकते हो। तुमने सपने में जो युद्ध का मैदान देखा था, वहाँ भी ऐसे कई हथियारों का प्रयोग हुआ था। हवाई हमले, सबमैरीन, विषैली गैस का प्रयोग—ये सब आधुनिक युग के ब्रह्मास्त्र हैं, जिनमें सैकड़ों-हजारों लोगों को मार देने की क्षमता है। हालाँकि मुझे पता है कि मनुष्य जिस दिशा में आगे बढ़ रहा है, वह भविष्य में इनसे भी ज्यादा विनाशकारी और खतरनाक हथियार बनाएगा।"

"ओह! तब क्या होगा?" मैंने पूछा।

"सजा मिलेगी!" कल्कि ने तपाक से कहा। "इनसान को इसकी सजा मिलेगी। वह जब-जब विधि के विधान को अपने हाथ में लेने की कोशिश करेगा, विनाशकारी योजनाएँ बनाएगा, उसे दंड जरूर मिलेगा। कोई गलती से या नादानी वश कुछ कर बैठे तो उसे क्षमा किया जा सकता है, लेकिन इनसान जो कर रहा है, वह इसका परिणाम भली-भाँति जानता है। उसे सत्ता के शिखर पर पहुँचना है, उसे प्रकृति पर शासन करना है, उसे भगवान् बनना है।" कल्कि को गुस्सा आ रहा था।

"उस ब्रह्मास्त्र का क्या हुआ?" मैंने बात को मोड़ने का प्रयास किया।

"अश्वत्थामा ने वह ब्रह्मास्त्र पांडवों को मारने के लिए चलाया था। उससे होनेवाले विध्वंस को रोकने के लिए अर्जुन को भी ब्रह्मास्त्र चलाना पड़ा। सृष्टि के विनाश की आशंका से ऋषि-मुनियों और देवी-देवताओं के समझाने पर अर्जुन ने तो अपना ब्रह्मास्त्र वापस ले लिया, परंतु अश्वत्थामा को ब्रह्मास्त्र रोकना नहीं आता था। उसने ब्रह्मास्त्र की दिशा बदलकर उसे अभिमन्यु की पत्नी उत्तरा पर छोड़ दिया, क्योंकि वह पांडवों का वंश समाप्त कर देना चाहता था। अभिमन्यु युद्ध में मारा गया था और उत्तरा गर्भवती थी। अश्वत्थामा के ब्रह्मास्त्र से उत्तरा के गर्भस्थ शिशु की मृत्यु हो गई।"

"ओह! फिर क्या हुआ?" मैंने उत्सुकता से पूछा। "अश्वत्थामा को इसकी सजा मिली?"

"बिल्कुल मिली!" कल्कि ने तत्काल कहा। "मैंने तुम्हें बताया कि ऐसे दुष्कर्मों का दंड तो मिलकर रहता है। भगवान् के विधान में विनाशकारी कार्यों और भ्रूण-हत्या जैसे जघन्य अपराधों के लिए क्षमा का प्रावधान ही नहीं है।"

"फिर भगवान् ने अश्वत्थामा को क्या दंड दिया?" मेरी जिज्ञासा बढ़ती जा रही थी।

"श्रीकृष्ण ने, जो भगवान् विष्णु के अवतार थे, इस अपराध के लिए अश्वत्थामा से उसके मस्तक पर लगी मणि छीन ली, जो अश्वत्थामा की समस्त शक्ति का स्रोत थी। इसके अलावा, कृष्ण ने अश्वत्थामा को घावों से भरे, जर्जर तन के साथ हजारों वर्षों तक धरती पर भटकने का शाप भी दिया। इसीलिए अश्वत्थामा को 'अमर' कहा जाता है। कृष्ण चाहते थे कि अश्वत्थामा की कहानी कलियुग के लोगों तक पहुँचे और वे इस बात को समझें कि प्रकृति की बनाई व्यवस्था से छेड़छाड़ और अनावश्यक विध्वंस करने का क्या नतीजा होता है। इसलिए कृष्ण ने जो किया, वह मनुष्य को विध्वंसकारी हथियारों के निर्माण और उनके दुरुपयोग से रोकने के लिए जरूरी था। परंतु मुझे यह देखकर बहुत दु:ख होता है कि इनसान ने अतीत की गलतियों से कुछ नहीं सीखा।"

"तो क्या अश्वत्थामा सचमुच अमर है और आज भी जिंदा है?" मेरा यह प्रश्न बहुत स्वाभाविक था।

"रमानाथ, अश्वत्थामा का जिंदा होना या न होना महत्त्वपूर्ण नहीं है। 'अमर' होना मनुष्य के जीवन का उद्देश्य नहीं है," कल्कि ने उत्तर दिया। "मनुष्य को यह जन्म अमर होने के लिए नहीं, अपितु जन-कल्याण और अच्छे काम करने के लिए मिलता है। देर से या जल्दी, मिट्टी का बना यह तन एक दिन पंच तत्त्व में विलीन होना ही है। इसलिए शरीर की अमरता केवल एक भ्रम है। वास्तव में, मनुष्य के विचार और उसका आचरण अमर होता है। असली सवाल यह है कि इस युग के लोगों ने पिछले युग की घटनाओं से क्या सीखा।"

"अब यह बताओ, तुम कौन हो?" मैंने तय किया था कि इस प्रश्न का उत्तर जाने बिना घर नहीं लौटूँगा। "अब यह मत कहना कि तुम्हीं अश्वत्थामा हो! मैं यह बिल्कुल नहीं मानूँगा क्योंकि तुम्हारे मस्तक पर मणि का कोई निशान नहीं है।"

"हा! हा!!" कल्कि हँसा। "मैं अश्वत्थामा नहीं हूँ। मैं अपने बारे में भी

बताऊँगा, लेकिन पहले यह कथा तो पूरी होने दो।"

"अच्छा, फिर क्या हुआ?"

"सबको यही लगा कि उत्तरा के शिशु की मृत्यु हो गई," कल्कि ने बताया। "परंतु वह बालक अर्जुन का पौत्र और पांडव वंश की अंतिम आशा था। भगवान् कृष्ण की कृपा से उसके तन में प्राणों का फिर से संचार होने लगा और वह पुनर्जीवित हो उठा। कौरव परास्त हुए और पांडवों ने अनेक वर्ष शासन किया। फिर श्रीकृष्ण के परलोक चले जाने के बाद पांडव भी राज्य त्यागकर अपनी अंतिम यात्रा पर हिमालय चले गए।"

"कृष्ण परलोक चले गए?" मुझे आश्चर्य हुआ। "परंतु वे तो ईश्वर का अवतार थे। ईश्वर कैसे मर सकता है?"

कल्कि ने कहा, "कृष्ण भगवान् का रूप थे, लेकिन उन्होंने मनुष्य का शरीर धारण किया था। जो मनुष्य बनकर धरती पर आया है, उसे एक दिन जाना है, चाहे वह साधारण मनुष्य हो या अवतार! त्रेता में भगवान् ने राम के रूप में अवतार लिया और राम ने अपना कार्य पूरा करके सरयू नदी में जल-समाधि ली थी। इसी तरह द्वापर में कृष्ण ने जन्म लिया। उन्होंने संसार में फैली अव्यवस्था को दूर किया लेकिन अपना जीवन-काल पूरा होने पर उन्होंने स्वयं को एक साधारण शिकारी के बाण का शिकार हो जाने दिया क्योंकि वे जानते थे कि उनका कार्य पूरा हो गया था। अवतार का भी मनुष्य की तरह जन्म और मरण होता है।"

"ओह! उत्तरा के उस पुत्र का क्या नाम था?" मैंने पूछा।

"परीक्षित!" कल्कि ने कहा। "पांडवों के महाप्रस्थान के बाद परीक्षित हस्तिनापुर का राजा बन गया। उसने अपने महान् वंश की परंपरा को समृद्ध किया। परंतु राज्य हो या व्यक्ति, चरम पर पहुँचकर उसका पतन होना स्वाभाविक है। परीक्षित का यश आठों दिशाओं में फैल रहा था कि तभी उसकी प्रसिद्धि को 'कलि' की नजर लग गई और उसी दुष्ट 'कलि' की धूर्तता के चलते परीक्षित अपनी जान गँवा बैठा।"

"कौन कलि?"

"अरे, वही राक्षस कलि, जिसके युग में तुम जी रहे हो! उसी के नाम पर इस युग को कलियुग कहते हैं।" कल्कि ने कहा।

"क्या कलि राक्षस है?" मैंने हैरानी से पूछा।

"हाँ! राक्षस के नाम से यह युग चल रहा है। तभी तो इनसान राक्षसों जैसा

व्यवहार कर रहा है," कल्कि ने तपाक से उत्तर दिया। "भगवान् ब्रह्मा की पीठ से एक पातक ने जन्म लिया। उसका नाम अधर्म था। अधर्म की पत्नी मिथ्या थी। अधर्म और मिथ्या के संयोग से दंभ और माया का जन्म हुआ। वे दोनों सहोदर थे। फिर भी उन्होंने परस्पर संयोग किया और उससे लोभ एवं निकृति (नीचता) का उदय हुआ। लोभ व नीचता ने क्रोध व हिंसा को जन्म दिया। फिर क्रोध व हिंसा से एक क्रूर और अनाचारी राक्षस बालक का जन्म हुआ। उसका रंग काला था और वह विकराल एवं दुर्गंध से भरा था। उसका नाम कलि था।"

"क्या कलि का वंश वहीं रुक गया?" मैंने पूछा।

"नहीं," कल्कि ने कहा। "कलि और दुरुक्ति नाम की एक कन्या से भय एवं मृत्यु का जन्म हुआ और इन दोनों ने निरय (नरक) एवं यातना को पैदा किया। इन दोनों की अनेक संतानें हुईं और तुम उन सबके नाम जानते हो, क्योंकि निरय और यातना की ये संतानें मनुष्य के जीवन में किसी-न-किसी रूप में मौजूद रहती हैं।"

"मुझे उनकी संतान के बारे में कैसे पता होगा?" मैंने आश्चर्य से कहा।

"क्या तुमने आधि (मानसिक पीड़ा), व्याधि (शारीरिक कष्ट), वृद्धावस्था, ग्लानि, दुःख, शोक आदि के बारे में नहीं सुना? क्या तुम इन्हें नहीं जानते?" कल्कि ने प्रश्न द्वारा ही मेरे प्रश्न का उत्तर दे दिया। "ये सब कलि के ही वंशज हैं। इनके बड़े-बड़े समूह बन गए और फिर कलियुगी मनुष्य में इन्हीं दुराचारी संतानों का रूप एवं आचरण दिखाई देने लगा।"

"क्या तुम कहना चाहते हो कि हम सब उसी राक्षस कलि के रूप हैं?" मुझे विश्वास नहीं हुआ कि स्वयं को श्रेष्ठ मानने वाला कलियुगी इनसान वास्तव में कलि जैसे दुराचारी राक्षस से प्रभावित हो सकता है।

"कुछ ऐसा ही समझो," कल्कि ने उत्तर दिया। "कलि के वंशज स्वभाव से अहंकारी और दुराचारी हैं। ब्राह्मण कुल में जन्म लेकर भी ये वेदशास्त्र के ज्ञान से विहीन हैं। इनमें संस्कारों का सर्वथा अभाव है। इनका कद नाटा और इनके रोम-रोम में पाप एवं अपराध की भावना है। इनका ध्यान आत्मिक उत्थान से अधिक केश-सज्जा और सौंदर्य पर रहता है। अधिकतर समय कलह में बीतता है। लोभ और अहंकार इनके जीवन के अभिन्न अंग हैं। गृहस्थ लोग व्यभिचारी हो गए हैं और संन्यासियों में गृहस्थ जैसी प्रवृत्तियाँ देखने को मिलती हैं। शिष्यों के मन में गुरुओं के लिए सम्मान का भाव समाप्त हो गया है। धर्म की रक्षा करनेवाले साधु कथावाचक बन चुके हैं। बलवान् लोग पहले से अधिक शक्तिशाली हो गए हैं तथा

दुर्बलों व असहाय लोगों की मदद करनेवाला कोई नहीं है। न्याय-व्यवस्था लचर हो गई है। दंड की जगह क्षमाशीलता की जड़ें मजबूत होती जा रही हैं, जिससे अपराधियों के हौसले बुलंद हैं। यही कारण है कि समाज में चारों ओर पाप और अपराध के मामले बढ़ रहे हैं। लोग सत्कर्म करने की जगह भाषण और उपदेश को अधिक महत्त्व देते हैं। मनुष्य समाज-सेवा और जन-कल्याण के कार्यों में भी यश अर्जित करने के अवसर खोज रहा है। समाज में धनवान् और समृद्ध लोगों की प्रभुता बढ़ रही है तथा उन्हें ही जन-साधारण साधु मानने लगा है। किसी भी जगह से लाया गया जल, पवित्र मान लिया जाता है। दुनिया दिखावे में सिमटकर रह गई है। आज यज्ञोपवीत धारण करनेवाला हर व्यक्ति ब्राह्मण समझा जाता है और प्रत्येक दंडधारी को लोग संन्यासी मान लेने की भूल कर बैठते हैं। समाज के स्थापित मूल्यों का महत्त्व समाप्त हो गया है और लोग मनमाने आचरण को ही सही मानते हैं।"

कल्कि की बात सुनकर समाज और मनुष्य के आचरण से जुड़ी बहुत-सी बातें मन में पैदा हो गई थीं।

"अब तुम घर जाओ। तुम्हें देर हो जाएगी," कल्कि ने कहा। "बाकी बातें कल होंगी।"

कल्कि ने मेरे मन के विचार पढ़ लिये थे। उसने भाँप लिया था कि इस चर्चा में समय लगेगा। हालाँकि मेरा घर जाने का मन नहीं था, परंतु कल्कि का कहना ठीक था। माँ सचमुच प्रतीक्षा कर रही होंगी।

कल्कि ने मेरे उत्तर की प्रतीक्षा नहीं की। वह उठ गया। मुझे भी उसके साथ उठना पड़ा। मैं घर चला आया। मैंने तय किया कि मैं दोपहर के भोजन के बाद सोऊँगा नहीं, बल्कि सुजाता के साथ खेलूँगा। मुझे डर था कि मैं सो गया तो फिर कोई बुरा सपना आ जाएगा।

मैं घर गया और खाना खाकर अपनी बहन सुजाता के साथ खेलने लगा। माँ बहुत उत्साह के साथ नमकीन और मीठे पारे बनाने में जुटी थीं। मेरे पिताजी को माँ के हाथ की बनी दोनों चीजें बहुत पसंद थीं। माँ को भी अपने पति का बेसब्री से इंतजार था। मैं जानता था कि पिताजी जरूर आएँगे लेकिन किस हाल में, यह तय नहीं था।

□

9

7 जनवरी, 1919

मुझे कल्कि से पूछना था कि मैंने जो स्वप्न देखा था, वह सत्य था या उसमें भी कोई रहस्य छिपा था? मैंने तुरंत अपने कुरते का कोना पकड़ा और उसमें एक छोटी-सी गाँठ बाँध ली। यह किसी बात को याद रखने का अच्छा तरीका माना जाता है। व्यक्ति कपड़े के कोने में लगी गाँठ देखता है तो उसे वह काम तुरंत याद आ जाता है, जिसे सोचकर गाँठ लगाई गई थी।

मैं गाँठवाला कुरता पहनकर अगले दिन सुबह तालाब पर पहुँचा तो देखा कि कल्कि पहले से मौजूद था। लेकिन पहले अधूरी बात को पूरा करना था। कल्कि ने कुरते में लगी गाँठ देख ली थी। वह मुसकराया और बोला, "सपना देखने से डरते क्यों हो?"

"सपना अच्छा और सुखद हो तो उसे देखने में आपत्ति नहीं है," मैंने चिढ़कर कहा। "लेकिन तुम मुझे अच्छे सपने देखने कहाँ देते हो!"

यह सुनकर कल्कि मुसकराया और बोला, "पहले कल वाली बात पूरी कर लें?"

"तुमने कल जो कहा, उससे क्या यह समझना चाहिए कि समाज पतन की ओर जा रहा है?" मैंने पूछा।

"बिल्कुल!" कल्कि ने स्पष्ट स्वर में कहा, "हमें ध्यान रखना चाहिए कि मनुष्य के आचरण का सीधा प्रभाव प्रकृति पर पड़ता है। साहित्य की तरह प्रकृति में समाज का चेहरा दिखाई देता है। लोग आलसी और दुराचारी हो जाते हैं तो प्रकृति के संसाधनों की उपेक्षा होने लगती है। यही कारण है कि बादल समय पर वर्षा नहीं करते, नदियाँ अपना मार्ग बदलकर बाढ़ लाती हैं, असमय वर्षा होती है या सूखा पड़ता है, किसान के लाख चाहने पर भी खेतों में मनचाही फसल नहीं होती, पशु-पक्षियों का स्वभाव बदलने लगता है। आदमी जंगल काटता है और पशुओं के घर में घुसकर घर व फैक्टरियाँ बनाना चाहता है। तभी तो पशु विवश होकर जंगल छोड़

शहरों और गाँवों में घुस आते हैं। हम जबरदस्ती किसी के घर में घुसेंगे तो फिर उसे अपने घर में आने से कैसे रोक सकते हैं?"

"कलियुग की दशा सचमुच खराब है," मैंने दुःखी स्वर में कहा। "यह तो हुई कलि की बात परंतु तुम कह रहे थे कि परीक्षित के यश को कलि की नजर लग गई थी। इससे तुम्हारा क्या आशय था?"

"कलियुग के बारे में इतना सुनकर तुम्हें कलि के दुष्प्रभाव का अनुमान तो लग ही गया होगा, हालाँकि यह केवल उसकी झलक-भर है," कल्कि ने बात आगे बढ़ाई। फिर वह बोला, "एक बार राजा परीक्षित शिकार के लिए निकला। मार्ग में उसे काले रंग का एक अत्यंत भयानक राक्षस मिला। वह राक्षस कोई और नहीं, बल्कि कलि था।

"कलि ने परीक्षित से कहा, "महाराज, द्वापर युग समाप्त हो गया है और अब कलियुग के आरंभ होने का समय है। मैं कलियुग का शासक हूँ। आप मुझे अपने राज्य में प्रवेश करने दीजिए।"

"परंतु परीक्षित ने कलि का रूप-रंग और व्यवहार देखा तो उसे राज्य में घुसने से मना कर दिया। कलि बहुत धूर्त था। वह परीक्षित के मार्ग में खड़ा रहा। उसने कहा, "महाराज, मेरे पास रहने को जगह नहीं है। आप तो चक्रवर्ती राजा हैं। यदि आप भी मेरी सहायता नहीं करेंगे तो मैं कहाँ जाऊँगा?"

"परीक्षित जानता था कि वह अधिक समय तक कलि को नहीं रोक पाएगा, इसलिए उसने कलि का निवास सीमित करने का विचार किया। वह बोला, "यदि तुम्हारे पास सचमुच कोई आश्रय नहीं है तो भी मैं तुम्हें अपने राज्य में मनचाहे ढंग से घूमने नहीं दे सकता। तुम्हारा रूप बहुत भयावह है! तुम्हें जो देखेगा, डर जाएगा। इसलिए तुम्हें रहने के लिए कुछ सीमित स्थान ही दिए जा सकते हैं।"

"मुझे स्वीकार है, महाराज!" कलि ने उत्तर दिया। "मुझे ज्यादा कुछ नहीं चाहिए। आप किन्हीं चार स्थानों पर मुझे रहने की अनुमति दे दीजिए।"

"परीक्षित खुश हो गया। उसने कहा, "मैं तुम्हें द्यूत, मद्य, व्यभिचार और स्वर्ण—ये चार स्थान देता हूँ। तुम इनमें निवास कर सकते हो। परंतु ध्यान रहे, तुम्हें इसके अतिरिक्त अन्य कोई स्थान नहीं मिलेगा।"

"परीक्षित ने सोचा कि उसने कलि को चार जगहों तक सीमित कर दिया था। परंतु वास्तव में कलि ने परीक्षित को अपनी चाल में फँसा लिया था। परीक्षित राजा था और वह स्वर्ण-मुकुट पहनता था। उसने कलि को रहने को जो चार जगहें दी थीं, उनमें से स्वर्ण भी एक था। कलि को इसी अवसर की प्रतीक्षा थी। वह तुरंत

लपका और परीक्षित के स्वर्ण-मुकुट में घुस गया। इस तरह कलि का सबसे पहला शिकार स्वयं परीक्षित हुआ।"

"कलि ने परीक्षित के साथ ऐसा क्या कर दिया?" मैंने पूछा।

"कलि के ही कारण परीक्षित की मृत्यु हुई!"

"वह कैसे?"

"कलि के मुकुट में घुसते ही राजा परीक्षित की बुद्धि भ्रष्ट हो गई और उसका मन तुरंत अधार्मिक कार्यों की ओर झुक गया। कलि से हुई भेंट के बाद परीक्षित वन में शिकार करने निकला। उसे रास्ते में प्यास लगी। निकट ही शमीक मुनि का आश्रम था। परीक्षित आश्रम के अंदर गया। शमीक मुनि आँखें बंद किए वृक्ष के नीचे ध्यान में लीन बैठे थे। परीक्षित ने मुनि को प्रणाम किया और उनसे पीने को पानी माँगा, परंतु शमीक मुनि का ध्यान नहीं टूटा। राजा परीक्षित के अनेक बार पुकारने के बाद भी जब शमीक ने आँखें नहीं खोलीं तो राजा को क्रोध आ गया। मुकुट में बैठे कलि के प्रभाव से परीक्षित की बुद्धि भ्रष्ट हो गई। उसने आश्रम में पड़ा एक मरा हुआ साँप उठाया और शमीक मुनि के गले में डाल दिया और हँसता हुआ वहाँ से चला गया।"

"ओह! यह तो परीक्षित ने बहुत गलत किया। फिर क्या हुआ?" मैंने पूछा।

"कुछ ही देर में शमीक मुनि के पुत्र श्रृंगी को पता लग गया कि परीक्षित ने उनके पिता के गले में मरा हुआ सर्प डालकर उनका अपमान किया है। श्रृंगी स्वयं भी सिद्ध तपस्वी थे। उन्होंने तुरंत हाथ में जल लिया और मंत्र पढ़कर शाप दे दिया कि आज से ठीक सातवें दिन एक भयंकर सर्प के डसने से राजा परीक्षित की मृत्यु हो जाएगी!"

"तो क्या परीक्षित की सचमुच मृत्यु हो गई?" इस कथा ने मेरी उत्सुकता को जगा दिया था।

"हाँ!" कल्कि ने बताया। "परीक्षित ने स्वयं को बचाने का बहुत प्रयास किया। लेकिन इस बार परीक्षित पर वार, अश्वत्थामा ने नहीं बल्कि एक सिद्ध तपस्वी ने किया था। परीक्षित के अगले सात दिन व्यास-पुत्र शुकदेवजी से आत्म-ज्ञान लेने में बीत गए। शुकदेव का दिया वही ज्ञान हमें 'श्रीमद्भागवत' के रूप में प्राप्त हुआ है। सातवें दिन एक फल में कीड़े के रूप में छिपकर आए तक्षक नाम के भयंकर सर्प ने राजा परीक्षित को डस लिया और उसकी तत्काल मृत्यु हो गई।"

"इसका अर्थ हुआ कि परीक्षित ने कलि को स्वर्ण में स्थान देकर बहुत बड़ी

भूल की थी। इससे न केवल स्वयं परीक्षित की मृत्यु हो गई, बल्कि उसने आनेवाले हजारों वर्षों के लिए कलि को मनमानी से शासन करने के लिए स्वतंत्र छोड़ दिया।" यह कहकर मैं कल्कि की ओर देखने लगा।

"हाँ, ऐसा ही हुआ!" कल्कि ने पुष्टि की। "उसी घटना के बाद कलि ने संसार में चारों ओर पैर पसार लिये। वहीं से कलि का समय आरंभ हुआ और उसी कलियुग का भयंकर व विकराल रूप तुमने कल स्वप्न में देखा था।"

कल्कि को मेरे स्वप्न के बारे में भी पता था। मैं अब तक जान चुका था कि उसके पास कोई ऐसी दिव्य शक्ति जरूर थी, जिससे वह विचित्र कारनामे कर लेता था, इसलिए मुझे इसमें कुछ नया नहीं लगा। फिर मुझे युद्ध के मैदान में हर तरफ बिखरी लाशों का दृश्य याद आ गया। मुझे अपने पिता की खाँसी सुनाई पड़ी और मुझे उनका पछाड़ मारकर बिस्तर पर गिरना, उनके मुँह से खून टपकना और डॉक्टरों व नर्सों का चेहरों पर मास्क बाँधकर घूमना भी याद आने लगा।

"मुझे तुमसे स्वप्न के बारे में बात करनी है," मैंने कल्कि से कहा। "मैं जानना चाहता हूँ कि मैंने जो देखा, वह सत्य था या मेरी कल्पना थी अथवा मेरे विचारों के अलावा अब मेरे स्वप्न पर भी तुम्हारा नियंत्रण हो गया है? मुझे वही दिखता है, जो तुम दिखाना चाहते हो। तुम्हारा वास्तविक उद्देश्य मुझे अभी तक पता नहीं लगा। लेकिन मैं इतना समझ चुका हूँ कि तुम साधारण व्यक्ति नहीं हो और मेरे साथ हो रही ये घटनाएँ किसी बड़ी व अलौकिक योजना की ओर संकेत कर रही हैं। तुमने मुझे अभी तक केवल यह बताया है कि तुम विष्णुयश और सुमति के पुत्र हो, जिसे एक तपस्वी अपने साथ ले गया था। तुम हर बात अधूरी छोड़कर चले जाते हो। आखिर तुम हो कौन?"

"रमानाथ! मैं स्वयं भी तुम्हारे प्रश्नों के उत्तर देना चाहता हूँ, क्योंकि इन्हीं प्रश्नों के उत्तरों में मेरे जीवन का उद्देश्य भी छिपा है। सबसे पहले तुम्हारे स्वप्न की बात करते हैं। तुम्हें सचमुच उठाकर अपने साथ कहीं ले जाना मेरे लिए संभव नहीं था। इसलिए मैंने तुम्हें युद्ध का मैदान दिखाने और तुम्हारे पिता से तुम्हें मिलवाने के लिए स्वप्न का सहारा लिया। तुमने उस दिन स्वप्न में जो देखा, वह न तुम्हारी कल्पना थी और न ही मेरा जादू। वह सब सत्य था!"

"तो क्या मेरे पिता…?" वह हृदय-विदारक सवाल मेरे गले में ही अटक गया।

"हाँ, तुम्हारे पिता की मृत्यु हो चुकी है!" कल्कि को मेरा सवाल पता था।

"वह युद्ध में घायल नहीं हुए थे, बल्कि उन्हें एक खतरनाक बीमारी ने अपनी चपेट में ले लिया था, जिसका विकराल और भयावह रूप तुमने अस्पताल में देखा था। मुझे तुम्हारे पिता की मृत्यु का दुःख है, परंतु यह तो होना ही था! तुमने देखा कि इनसान ने थोड़ी-सी जमीन, थोड़ी-सी ताकत और थोड़ी-सी सत्ता पाने के लिए खून को कैसे पानी की तरह बहाया है। युद्ध के मैदान में जो हुआ, उसकी सजा तो मिलनी ही थी। मैं विवश था!"

"तुम विवश थे?" मैंने आश्चर्य से पूछा। "मैं कुछ समझा नहीं।"

"मैं कल्कि हूँ, भगवान् विष्णु का दसवाँ अवतार!"

यह सुनकर मेरे पैरों के नीचे से जमीन खिसक गई। मुझे लगा, मैं किसी अंधे कुएँ में गिर जाऊँगा। "यह क्या कह रहे हो? विष्णु का अवतार? मुझे कुछ समझ में नहीं आ रहा। अपने पिता की मृत्यु के बारे में सुनने के बाद मुझमें तुम्हारा मजाक सहने की शक्ति शेष नहीं है।"

"यह मजाक नहीं है," वह बोला। "कलियुग में अधर्म को रोकने और अव्यवस्था को दूर करने के लिए ही मैंने अवतार लिया है। मैंने संभल गाँव में विष्णुयश के घर इसी उद्देश्य से जन्म लिया है।"

"तुम...मेरा मतलब...आप...भगवान् विष्णु..." मेरा गला सूख गया मानो मैंने कई दिनों से पानी नहीं पिया था।

"घबराओ मत, रमानाथ!" कल्कि ने कहा। "मैं अब भी तुम्हारा मित्र कल्कि हूँ और तुम पहले की तरह मुझे 'तुम' कहोगे तो मुझे ज्यादा अच्छा लगेगा। भगवान् को औपचारिकता पसंद नहीं आती!" यह कहकर कल्कि मुसकरा दिया।

कल्कि जानता था कि मेरे लिए अब उससे प्रश्न पूछना कठिन था, इसलिए उसने मेरे बिना पूछे ही अपने विषय में बताना आरंभ कर दिया।

"मेरा जन्म ईश्वर की एक बड़ी योजना का अंश है। जन्म के समय मेरे माता-पिता यह बात नहीं जानते थे कि उनके घर विष्णु के अवतार ने जन्म लिया है। इसलिए उन्होंने मेरे जन्म पर वही किया, जो सब माता-पिता करते हैं। उन्होंने मेरे बड़े भाइयों के हाथ, मेरे जन्म का समाचार संभल वासियों को भिजवा दिया..."

"तुम्हारे और भाई भी हैं?" मैंने हैरान होकर पूछा, "क्या उनके पास भी तुम्हारी तरह अलौकिक शक्तियाँ हैं?"

"मुझसे बड़े मेरे तीन भाई हैं," कल्कि ने कहा, "उनके नाम कवि, प्राज्ञ और सुमंत्रक हैं। तुम उनके बारे में जैसा सोच रहे हो, वैसा नहीं है। वे लोग सामान्य

मनुष्य की भाँति रहते हैं। उनके पास किसी तरह की अलौकिक शक्ति भी नहीं है। वे किसी से मेरे बारे में बात नहीं करते। इसीलिए मुझे इस गाँव में कोई नहीं जानता। मेरे जन्म के समय मुझे कोई देख पाता, इससे पहले ही ऋषि परशुराम मुझे अपने साथ ले गए। उन्हें ऐसा करने का आदेश भी भगवान् से मिला था। परशुराम नहीं चाहते थे कि गाँव में कोई मुझे देखे और बाद में मेरे विषय में मेरे माता-पिता से सवाल किए जाएँ।"

"परंतु लोगों ने तुम्हारे जाने के बाद भी सवाल तो किए होंगे?" मैंने शंका व्यक्त की।

"हाँ, उन्होंने मेरे बारे में पूछा था। किंतु देखी हुई घटना की तुलना में अनदेखी घटना स्मृति से जल्दी लुप्त हो जाती है। परशुराम जानते थे कि किसी की दृष्टि में आने से पहले ही मुझे ले जाना उचित होगा।"

"परशुराम तो स्वयं विष्णु का अवतार माने जाते हैं," मैं बोला। "एक अवतार के होते हुए एक और अवतार की क्या जरूरत थी? तुम जिस काम के लिए आए हो, वह काम परशुराम भी तो कर सकते थे।"

"परशुरामजी, भगवान् विष्णु के छठे अवतार हैं और उन्होंने श्रीराम से भी पहले जन्म लिया था। उनका मुख्य उद्देश्य पूरा हो चुका था। एक समय था, जब हैहय वंश के क्षत्रियों ने धरती को न केवल अपने अधीन कर लिया, बल्कि शक्ति के दुरुपयोग से उन्होंने ऋषि-मुनियों पर भी अत्याचार करने शुरू कर दिए थे। वे पृथ्वी पर बोझ बन गए थे। तब महर्षि जमदग्नि के पुत्र परशुराम ने एक-दो नहीं, बल्कि इक्कीस बार धरती को क्षत्रियों से विहीन किया। उन्होंने क्षत्रियों के अत्याचार से पृथ्वी को बचाया और फिर उसी पृथ्वी को राजा पृथु को दान करके स्वयं महेंद्र पर्वत पर तपस्या के लिए चले गए।" कल्कि ने एक साँस में परशुराम का संक्षिप्त इतिहास सुना दिया। "उन्होंने क्षत्रियों द्वारा फैलाई अव्यवस्था और असंतुलन को दूर करने के लिए अवतार लिया था। उनका उद्देश्य पूर्ण हो गया।"

"फिर वे अब तक जीवित क्यों हैं?" मैंने पूछा। "राम, कृष्ण और अन्य अवतारों की भाँति परशुराम को भी अपना कार्य पूरा करके परलोक लौट जाना चाहिए था।"

"हाँ, सामान्य तौर पर ऐसा ही होता है," कल्कि ने कहा। "परशुराम ने पिता जमदग्नि के कहने पर अपनी माँ रेणुका की हत्या कर दी थी। परशुराम की पितृ-भक्ति से प्रसन्न होकर जमदग्नि ने न केवल रेणुका को पुनर्जीवित कर दिया, बल्कि

परशुराम को अमर होने का वरदान भी दिया। परंतु हर कार्य की तरह जमदग्नि द्वारा परशुराम को अमरता का वरदान देना भी भगवान् विष्णु की दिव्य लीला का हिस्सा था। वास्तव में, परशुराम को त्रेता युग में श्रीराम और द्वापर में श्रीकृष्ण का साथ देना था। उनका चरित्र इतना महान् है कि उन्होंने अपना तो कार्य पूरा किया ही, साथ में अपने बाद के अवतारों को भी उनके कार्यों में सहयोग दिया और अब वे कलियुग में मेरा साथ देने के लिए रुके हुए हैं।"

"वे तुम्हें किस तरह सहयोग दे रहे हैं?" मैंने पूछा, "वह तुम्हारे जन्म के बाद तुम्हें कहाँ ले गए थे?"

"ऋषि परशुराम मेरे गुरु हैं!" कल्कि ने उत्तर दिया। "वे महेंद्र पर्वत पर एक आश्रम में रहते हैं। वे मुझे अपने आश्रम ले गए थे। उन्होंने मुझे बड़ा किया और मुझे अस्त्र-शस्त्र के साथ अन्य सभी प्रकार का ज्ञान दिया है।"

"ओह! यह तो बिल्कुल पौराणिक कथा जैसा है। क्या तुम्हें भी राम-लक्ष्मण और कौरव-पांडवों की तरह धनुष-बाण चलाना आता है?" मेरा रोमांच बढ़ता जा रहा था।

"हाँ!" कल्कि ने कहा। "मुझे केवल धनुष-बाण ही नहीं, बल्कि तलवार, तोप-तमंचे, सब तरह की बंदूकें और राइफलें, जहाज, सबमैरीन और टैंक भी चलाने आते हैं। परशुरामजी ने मुझे कलियुग के सभी आधुनिक हथियारों और लड़ाई में इस्तेमाल होनेवाली चीजों का संपूर्ण ज्ञान दिया है। मैं यंत्र-मंत्र-तंत्र में निपुण हूँ। मैं धरती के समस्त रसायनों के विषय में जानता हूँ और उनके प्रयोग में पारंगत हूँ। मुझे भौतिकी, रसायन-शास्त्र और जीव-विज्ञान का भी संपूर्ण ज्ञान है। मुझे केवल मौजूदा हथियारों का प्रयोग ही नहीं, बल्कि नए अस्त्र-शस्त्र और जीवाणु तैयार करना भी आता है। तुम्हारे युग के वैज्ञानिकों के ज्ञान की परिधि जहाँ समाप्त हो जाती है, वहाँ से मेरे ज्ञान का क्षेत्र आरंभ होता है। मैं चाहूँ तो अकेले ही विश्व की समस्त सेना को चुटकी में मसलकर रख दूँ। मैं चाहूँ तो बड़े-बड़े शासकों और योद्धाओं को पल भर में धूल चटा दूँ। मैं चाहता तो फ्रांस की जमीन पर हुए युद्ध को पलट सकता था। मेरी प्रेरणा से युद्ध हो सकते हैं तो मेरे अंदर उन्हें रोकने का सामर्थ्य भी है!"

कल्कि की बातें सुनकर मुझे लगा, मैं फिर कोई स्वप्न देख रहा था। मैंने धीरे-से अपने हाथ पर चुटकी काटी तो पाया कि वह सपना नहीं था। कल्कि सचमुच मेरे सामने खड़ा था। "तुम उस युद्ध को रोक सकते थे तो रोका क्यों नहीं?

शायद मेरे पिता भी बच जाते!" यही मेरा असली दु:ख था।

"मैं चाहता तो रोक देता," कल्कि ने आगे कहा। "मैं तुम्हारे पिता को भी बचा सकता था, परंतु मेरा कार्य सृष्टि के चक्र को रोकना या उसकी दिशा को मोड़ना नहीं है। मैं किसी को कर्म करने से नहीं रोक सकता। कर्म की दिशा यदि गलत हो जाए तो वह विकर्म, यानी विपरीत कर्म में बदल जाता है। इससे सृष्टि पर बोझ बढ़ता है और तब मुझे हस्तक्षेप करने आना पड़ता है।"

"तुम हस्तक्षेप करते हो? क्या तुम्हारे पास इतनी शक्तियाँ हैं कि तुम जो चाहो, कर सकते हो?" मैंने प्रश्न कर दिया। फिर मुझे लगा कि मुझसे गलती हो गई थी।

कल्कि ने मेरा प्रश्न सुना तो वह जोर-से हँस पड़ा। यह अट्टहास था, जो उसकी पहले वाली शांत और विनीत हँसी से बिल्कुल भिन्न था। सहसा उसका मुखमंडल सूर्य की भाँति प्रकाशमान हो गया और शरीर के अंगों से कांति फूट पड़ी। कल्कि के पूरे शरीर पर मुझे विभिन्न देवी-देवता दिखाई दे रहे थे। उसके मस्तक पर ब्रह्मा और वक्ष पर रुद्र का रूप अंकित था। कल्कि ने अपने दोनों हाथ आकाश की ओर उठाए तो मैंने देखा कि उसने हाथ में चक्र और गदा पकड़ी थी। इसके अलावा, मैंने कल्कि के हाथ में एक अलग तरह का शस्त्र देखा, जो भगवान् विष्णु के प्रचलित स्वरूप का अंश नहीं था। कल्कि ने उस शस्त्र का पिछला भाग हाथ में पकड़ा था। उसमें से एक मोटी जंजीर लटकी थी, जिसके आगे एक गोल काँटेदार आकृति थी। मैंने वैसा शस्त्र किसी देवी-देवता के चित्र आदि में पहले नहीं देखा था।

कल्कि के चारों ओर इतना प्रकाश था कि मैं उसके चेहरे की ओर देख नहीं पाया। लेकिन मुझे उसका ओजस्वी स्वर अवश्य सुनाई दिया—"मैं विष्णु हूँ और मैं ही सूर्य हूँ! मैं देवताओं का तेज और नक्षत्रों का अधिपति चंद्रमा हूँ! मैं वेदों में सामवेद और देवताओं में इंद्र हूँ। इंद्रियों में मन और ग्यारह रुद्रों में शंकर हूँ। मैं पर्वतों में सुमेरु, पुरोहितों में बृहस्पति हूँ, सेनापतियों में स्कंद और जलाशयों में समुद्र हूँ। मैं महर्षियों में भृगु और शब्दों में ओंकार हूँ। मैं हाथियों में ऐरावत, अस्त्रों में वज्र और गौओं में कामधेनु हूँ। मैं सर्पों में वासुकि हूँ। मैं दैत्यों में प्रह्लाद और पक्षियों में गरुड़ हूँ। सृष्टि का आदि, मध्य और अंत, सब मैं हूँ। वृष्णिवंशियों में वासुदेव और मुनियों में वेदव्यास हूँ। मेरी दिव्य विभूतियाँ अनंत हैं। इस संसार में जो ऐश्वर्य, कांति और शक्ति से युक्त है, वह सब मेरा अंश है!"

कल्कि ने जिस तरह अपने रूप और गुण का प्रदर्शन किया था, उसे देखकर

मेरे मन में जरा भी संदेह शेष नहीं रहा कि मेरे सामने साक्षात् भगवान् विष्णु खड़े थे। फिर अचानक कल्कि, सामान्य रूप में लौट आया। मेरे माथे से पसीना टपक रहा था। कल्कि के उस रूप ने मुझे अंदर तक भयभीत कर दिया। मुझे लगा, कुछ देर के लिए मेरी आवाज चली गई थी। मैंने अपने पिता से सुना था कि श्रीकृष्ण जब संधि-प्रस्ताव लेकर दुर्योधन के पास गए और दुर्योधन ने उन्हें अपमानित किया तो कृष्ण ने अपनी शक्ति का परिचय देते हुए कुरु राजसभा में विराट् रूप दिखाया था। कृष्ण ने वही विराट् रूप अर्जुन को महाभारत के युद्ध के मैदान में दिखाकर उसे भी अपनी शक्ति का परिचय दिया था। इसके तुरंत बाद अव्यवस्था को दूर करने की प्रक्रिया आरंभ हो गई, यानी महाभारत का युद्ध शुरू हो गया था।

कल्कि का मुझे अपना दिव्य रूप दिखाना भी क्या किसी विनाश का संकेत था? क्या कल्कि की विनाश-लीला आरंभ हो चुकी थी? क्या कल्कि के विराट् रूप का फ्रांस के युद्ध, उसके बाद फैले संक्रामक रोग और मेरे पिता की मृत्यु से कोई संबंध था?

कल्कि के दिव्य स्वरूप ने मेरे मन में अनेक प्रश्न पैदा कर दिए थे।

मैं कल्कि का दिव्य रूप देखकर स्तब्ध था। जिसकी एक झलक पाने की इच्छा से ज्ञानी-ध्यानी जंगलों, पहाड़ों और गुफाओं में भटकते फिरते हैं, उस ईश्वर का अवतार मेरे साथ मित्रता कर बैठा था! क्या यह संयोग था? कल्कि से इतने दिनों तक हुई बातचीत और उसके साथ बिताए समय के दौरान मैं इतना समझ चुका था कि संयोग जैसी कोई चीज नहीं होती। पेड़ की शाखाओं में नई कोंपल फूटने से लेकर सृष्टि में होनेवाले निर्मम विनाश तक—सबकुछ ईश्वर की इच्छा और उसकी दिव्य योजनाओं का ही परिणाम है। मनुष्य को जो समझ में नहीं आता, वह उसे अपनी संकुचित बुद्धि और सीमित बोध के चलते 'संयोग' का नाम देता है।

□

10

28 फरवरी, 1919

मैंने यह कहानी जहाँ से शुरू की थी, मैं लौटकर फिर उसी दिन पर आ गया हूँ। मैं कल्कि से मिलने के इरादे से कई सप्ताह तक तालाब पर जाता रहा, लेकिन वह नहीं आया। एक दिन मैं सुबह टहलकर घर लौटा तो देखा कि वहाँ भीड़ जुटी थी। गाँव के लोग मेरे ही घर के सामने इकट्ठा हो रहे थे। वहीं पास में सेना की एक वैन खड़ी थी। सेना की वर्दी में कुछ सैनिक भी गाँववालों के साथ खड़े बातें कर रहे थे। यह दृश्य देखकर मेरे पैर जम गए। सेना की वैन देखकर मैं इतना तो जान गया कि मेरे पिता से जुड़ी कोई खबर आई होगी। क्या साथ में पिताजी भी आए होंगे? मैं सोचने लगा। मेरी आँखों के सामने वह दृश्य तैरने लगा, जब मैंने सपने में उन्हें बिस्तर पर बीमार हालत में देखा था। कल्कि ने इस बात की पुष्टि कर दी थी कि मेरे पिता की मृत्यु हो चुकी है। मैंने कुछ दिन पहले कल्कि का जो रूप देखा था, उसके बाद उसकी बातों पर अविश्वास करना मूर्खता थी।

मैं धीरे-धीरे अपने घर तक पहुँच गया। मुझे देखकर गाँववालों और सैनिकों की भीड़ बिखरकर एक ओर हट गई और उन्होंने मुझे आगे जाने का रास्ता दे दिया। मुझे अंदर से माँ और सुजाता के रोने की आवाजें सुनाई पड़ रही थीं। मेरे मन में संदेह बाकी न रहा। मैं जैसे ही घर में घुसा, मैंने देखा कि सफेद कपड़े में लिपटा मेरे पिता का शव जमीन पर रखा था। माँ उनकी छाती से लिपटकर बुरी तरह रो रही थीं। पास बैठी मेरी छोटी बहन सुजाता भी सुबक रही थी। मेरा अनुमान है कि पिता की मौत का दुःख सुजाता को भी माँ जितना ही रहा होगा, लेकिन उसका बाल-मन फूट-फूटकर रोने के लिए अभी तैयार नहीं था। मैं धीरे-से अपनी माँ के पास बैठ गया।

मैंने देखा, मेरे पिता के शरीर पर वही चादर थी, जिसे मैंने सपने में देखा था। श्वास निकलने से पहले उठी आखिरी खाँसी में उनके मुँह से चादर पर टपका खून सूख चुका था, लेकिन उसका धब्बा नजर आ रहा था। उस मनहूस युद्ध में जाने

से पहले मेरे पिता जब कभी गाँव में निकलते तो लोग उनके लंबे-चौड़े और गठे शरीर से प्रभावित हुए बिना नहीं रहते थे। उन्होंने बड़ी मेहनत से फौज के लिए खुद को तैयार किया था। मैं भाग्यशाली था कि मुझे भी उनकी शारीरिक बनावट और गठी हुई काया विरासत में मिली थी। परंतु चार साल तक निरंतर चली लड़ाई और जानलेवा बीमारी ने मेरे पिता को समय से पहले बूढ़ा व कमजोर कर दिया था।

मेरे पिता के शव को लेकर आए सैनिकों ने बताया कि लड़ाई खत्म होने से कुछ ही दिन पहले मेरे पिता को खाँसी हुई थी। फिर उन्हें तेज बुखार आ गया। उस दौरान बहुत-से सैनिकों में इसी तरह के लक्षण दिखाई दिए थे। सबको एक जैसी बीमारी हुई थी। वह बीमारी मौसमी खाँसी और बुखार का रूप लेकर आई थी, इसलिए किसी को जल्दी उस खतरे का अनुमान नहीं हुआ। बहुत दिनों तक सब यही सोचते रहे कि ठंडे इलाकों में सर्दी-बुखार होना आम बात होती है, लेकिन वास्तव में बात कुछ और थी! कुछ ही दिनों में खाँसी के मरीजों की संख्या दुगुनी और फिर चौगुनी हो गई। बीमारी के फैलने की रफ्तार बहुत तेज थी। हजारों सैनिकों के बीमार हो जाने के बाद डॉक्टर इस नतीजे पर पहुँचे कि वह एक तरह का संक्रमण था, जिसका जीवाणु शायद हवा में मौजूद रहा होगा। इसलिए रोगियों के श्वास से संक्रमण बड़े स्तर पर फैल रहा था। यही कारण था कि सबको मुँह व नाक को ढकने की सलाह दी जाती थी और लोग एक-दूसरे से लगभग तीन से चार फीट की दूरी रखते थे।

मैंने यह सुना तो मुझे वह स्वप्न फिर याद आ गया। मैंने सपने में देखा था कि सब मुँह पर मास्क पहने हुए थे। बहुत-से वैज्ञानिक और शोधकर्ता संक्रमण की दवाई खोजने में जुटे रहे, लेकिन आशा की किरण दिखाई नहीं पड़ी। संक्रमण के जीवाणु तेजी से फैलते और फेफड़ों में उतर जाते थे। फिर बलगम बनता था, फेफड़ों एवं साँस की नलिकाओं में सूजन हो जाती और उनके सिकुड़ने से रोगी का दम घुटने लगता था। साँस लेने में परेशानी होते ही रोगी का मरना लगभग तय हो जाता था। कई मामलों में श्वसन-तंत्र इतना बुरी तरह प्रभावित होता कि खाँसी में थूक के साथ खून के थक्के भी आ जाते थे। मेरे पिता के साथ यही हुआ था। ऐसे रोगियों से डॉक्टर भी दूरी बनाकर रखते थे।

एक राजकुमार की हत्या से शुरू हुए उस विश्व युद्ध में विभिन्न देशों के सैनिकों के बड़े-बड़े दल लगातार गाड़ियों और जहाजों में भरकर एक जगह से दूसरी जगह आते-जाते थे और उनके साथ संक्रमण भी फैलता जा रहा था। कुछ

ही समय में उसके रोगी लगभग हर देश में हो गए। दुनिया भर के वैज्ञानिक बहुत प्रयास करके भी यह नहीं समझ सके कि रोग का जीवाणु कहाँ से और कैसे आया!

मेरे पिता का शव लेकर आए सैनिकों ने बीमारी के बारे में जो कुछ बताया, उसे सुनकर मुझे यही महसूस हुआ कि युद्ध की विभीषिका से ज्यादा खतरनाक उस रोग का भय था। उसने पूरी दुनिया को अपनी चपेट में ले लिया था। परंतु हमें पूरी दुनिया से क्या! हमारी दुनिया तो हमारे पिता थे, जो अब इस दुनिया में ही नहीं थे। उनके बिना हमारे लिए यह दुनिया नीरस और निराधार थी। परंतु यही जीवन की विडंबना है कि यह जिनके भरोसे चलता है, उनके चले जाने के बाद भी चलता रहता है!

पिताजी का अंतिम संस्कार किया जाना था। यह मेरे पिता की मरने की उम्र नहीं थी और न ही मेरी उम्र अपने पिता का अंतिम संस्कार करने की थी! परंतु ईश्वर की इच्छा के सामने झुक जाना और उसके विधान को स्वीकार कर लेना ही समझदारी है। यदि कल्कि से मिलने से पहले यह हुआ होता तो पता नहीं मुझे कैसा लगता, परंतु उससे हुई मुलाकात ने मुझे अंदर से बदल दिया था। कल्कि का दृष्टिकोण मेरा अपना दृष्टिकोण बन चुका था। मैं इस पूरी घटना को उसकी नजर से देख रहा था। मुझे मानना होगा कि कल्कि के कारण आए परिवर्तन ने मुझे अपने पिता की असामयिक मृत्यु को सहन करने की बहुत हिम्मत दी।

अंत्येष्टि की तैयारी होने लगी। गाँव के लोगों ने जरूरी सामान जुटाया। मेरे पिता सूबेदार बिंदेश्वरनाथ त्रिवेदी की अंतिम विदाई की तैयारी पूरी हो गई। तभी मेरी दृष्टि पास खड़े पंडित श्यामचरण शुक्ल पर पड़ गई। उनकी आँखें गीली थीं। मुझे याद आया कि पिताजी के लड़ाई पर जाने से एक दिन पहले पंडितजी हमारे घर आए थे और उन्होंने बड़े रहस्यमयी ढंग से पिताजी को युद्ध के परिणाम का संकेत देते हुए सावधान किया था। लेकिन पिताजी ने शुक्लजी की चेतावनी को गंभीरता से नहीं लिया। उसका परिणाम सबके सामने था। बीते चार वर्षों में मेरे पिता से दुगुनी उम्र के शुक्लजी का तेज जरा भी कम नहीं हुआ था, जबकि मेरे पिता बूढ़े और बीमार होकर परलोक सिधार गए थे।

सहसा 'राम नाम सत्य है' के स्वर ने मेरा ध्यान खींच लिया। अंतिम यात्रा आरंभ हो गई थी। माँ और सुजाता का रो-रोकर बुरा हाल था। गाँव की औरतें उन्हें सँभालने की कोशिश कर रही थीं। मैं गाँव के तीन अन्य पुरुषों के साथ अपने पिता की अर्थी को कंधा देता आगे निकल गया।

श्मशान विचित्र जगह है। यहाँ एक दिन सबको आना है, फिर भी यही एक जगह है, जहाँ आने से व्यक्ति डरता है। चिता जलती है तो उसके साथ और बहुत कुछ जलकर राख हो जाता है। केवल यादें रह जाती हैं। फिर वे यादें भी समय के साथ धुँधली पड़कर एक दिन खत्म हो जाती हैं। उनकी स्मृति जब तक ताजा रहती है, शरीर में काँटे-सी चुभती रहती है। उनकी टीस कभी मीठी तो कभी कष्टदायी लगती है। समय के साथ परिजन की याद का काँटा निकल जाता है। पीड़ा भी मिट जाती है। बाकी रह जाता है केवल निशान, जो याद दिलाता रहता है कि उस जगह कभी कुछ था, जो अब नहीं है!

युवावस्था की दहलीज पर खड़े पुत्र के लिए अपने जवान पिता की अंत्येष्टि करना सहज नहीं होता। मेरे लिए भी यह आसान नहीं था। फिर भी, मैंने यह किया या कहें, मुझे करना पड़ा। मेरे पिता बिंदेश्वरनाथ का पार्थिव शरीर नष्ट हो गया। लेकिन उनसे जुड़े कुछ सवाल थे, जो अभी बाकी थे।

□

11

28 मार्च, 1919

कल्कि ने जब विनाश और शांति की बात की थी, उसी दिन माँ के चेहरे पर खुशी देखकर मेरे मन में अनिष्ट की आशंका पैदा हो गई थी। मुझे विश्वास हो चला था कि युद्ध के बाद फैली बीमारी और मेरे पिता की मृत्यु का कल्कि के अवतार से कुछ संबंध अवश्य था। मेरे लिए इस संबंध को जानना जरूरी था।

पिताजी की मृत्यु को एक महीना बीत चुका था, लेकिन अब भी मैं सोकर उठता तो मेरी आँखें सूजी होती थीं। रोते-सुबकते कब नींद आ जाती, पता नहीं लगता था। एक तरफ पिता की चिता की गंध थी और दूसरी तरफ मन में प्रश्नों से भरा सागर उफन रहा था। माँ और सुजाता को भी नींद नहीं आती थी। उस दिन मैं झटपट उठा और तैयार होकर तालाब की ओर निकल गया। मुझे उम्मीद थी, कल्कि को मेरे सवाल पहले से पता होंगे और वह यह भी जानता होगा कि मैं उनका जवाब जानने को बेचैन था।

मेरा अनुमान ठीक निकला। कल्कि, मुझसे पहले तालाब पर मौजूद था। हमेशा की तरह वही हँसमुख चेहरा, खिली हुई मुसकान और सुंदर व आकर्षक आँखें। मैंने जैसे-जैसे कल्कि के बारे में जाना, मेरे मन में उसके प्रति स्नेह और आदर बढ़ता गया। दिल में पिता की मौत का दु:ख और आँखों में सूजन लिये मैं कल्कि के सामने पहुँच गया। वह मुझसे कद में काफी ऊँचा था। वह नीचे झुका और उसने मुझे गले से लगा लिया। उसने पहली बार ऐसा किया था। कल्कि ने आत्मीयता और स्नेह-भरे एक आलिंगन द्वारा मेरे सारे दु:खों को जैसे अपने अंदर खींच लिया। मैं कल्कि से अलग हुआ तो बहुत हलका महसूस कर रहा था।

"कैसे हो, रमानाथ?" उसने पूछा।

"अब कुछ ठीक हूँ।" मैंने मुसकराने की कोशिश की।

"मन में दु:ख हो तो छिपाना नहीं चाहिए," वह बोला। "भीतर दबा दु:ख

शरीर के किसी कोने में ग्रंथि बनकर बैठ जाता है और फिर जीवन की छोटी-छोटी खुशियों को खाकर बड़ा होता है। वह तुम्हें किसी चीज को पूरी तरह महसूस नहीं होने देता। इसलिए मन में जो दुविधा है, जितने प्रश्न हैं, उन्हें कह डालो।"

"तुम सब जानते हो, फिर मुझसे क्यों पूछते हो?" मैं खीझ गया।

"हमें जीवन की लड़ाई स्वयं लड़नी होती है। हमारे साथ चलनेवाले लोग अपने-अपने बाहरी और भीतरी संघर्षों से जूझ रहे होते हैं। उनसे अपेक्षा रखना खुद को कमजोर करना है। मैं तुम्हें केवल रास्ता दिखा सकता हूँ, मंजिल तुम्हें ढूँढ़नी पड़ेगी। मैं केवल उत्तर दे सकता हूँ, प्रश्न तुम्हें करना है!" कल्कि ने स्पष्ट कह दिया।

"तुमने कहा था कि अवतार का मुख्य उद्देश्य अव्यवस्था और असंतुलन को दूर करना है," मैंने उसे याद दिलाया।

"हाँ, मैंने कहा था," कल्कि ने स्वीकार किया।

"क्या इसका यह आशय है कि तुम्हारे या किसी भी अवतार के हाथों केवल वही लोग मारे जाते हैं, जिनके कारण समाज में अव्यवस्था पैदा होती है या जो अधर्मी होते हैं?" मैंने पूछा।

"मैंने ऐसा तो नहीं कहा!" कल्कि ने तुरंत स्पष्ट किया। "यह सही है कि समाज में व्यवस्था को फिर से कायम करने के लिए दुष्ट और अनाचारियों का संहार जरूरी होता है। लेकिन यह गलत है कि इसमें केवल बुरे लोग मारे जाते हैं। अतीत में, ईश्वर के अवतारों ने जब भी आसुरी शक्तियों का संहार किया है, उसमें कई अच्छे लोग भी मारे गए हैं।"

"लेकिन क्या ऐसा करना ठीक है?" मैंने विरोध में प्रश्न किया। "अगर अच्छे लोगों को भी इसी तरह मरना है तो अच्छे काम करने का क्या लाभ? अपराधियों और अधर्मियों के साथ-साथ निर्दोष लोग भी मारे जाते हैं। यह कैसा न्याय है? समाज में अव्यवस्था फैलानेवाले के अपराधों का दंड निर्दोष को क्यों मिलता है?"

"रमानाथ, तुम जब पहली बार मुझसे मिले थे तो मेरे बारे में कुछ नहीं जानते थे। तुम्हारे लिए अवतार का कोई महत्त्व नहीं था। फिर तुम्हारे पिता के बारे में बात शुरू हुई तो तुमने नियति का पहला धक्का महसूस किया। फिर तुम्हें अपने पिता की मृत्यु का एहसास हुआ। तब तुमने जीवन की कठोरता को पास से देखा था। फिर

तुम्हें यह पता लगा कि तुमसे बड़ी भी एक शक्ति है, जो इस संसार को चलाती है और तुमसे अधिक सामर्थ्यवान् है। फिर एक और क्षण आया, जब तुम्हें ईश्वर का दर्शन और उसकी सही शक्ति का अनुमान लगा। इस तरह, संसार और ईश्वर के बारे में तुम्हारी सोच बदलती गई। क्या मैंने ठीक कहा?" यह पूछकर कल्कि मेरी ओर देखने लगा।

"तुम उत्तर देने से ज्यादा प्रश्न करते हो!" मैंने कहा। "मैं तुमसे कुछ पूछता हूँ तो तुम जवाब में एक नया प्रश्न कर देते हो। तुम्हारा प्रश्न हर बार मेरे सवाल का जवाब नहीं हो सकता।"

"मैं जान-बूझकर ऐसा नहीं करता," कल्कि बोला। "तुम प्रश्न ही ऐसा करते हो कि मुझे उत्तर देने के लिए तुमसे एक और प्रश्न पूछना पड़ता है। रमानाथ! तुम कर्म के सिद्धांत और अवतार के उद्देश्य को आपस में मिला रहे हो। अवतार का उद्देश्य किसी एक व्यक्ति को मारना या बचाना नहीं, बल्कि प्रकृति की रक्षा करना, संसाधनों पर बढ़ते बोझ को कम करना और सृष्टि के शोषण को रोकना है। किसी व्यक्ति के जीने-मरने और उसके निजी सुख-दुःख का ईश्वर के अवतार से कोई संबंध नहीं होता। यह पूरी तरह व्यक्ति के कर्मों पर निर्भर है। इसके लिए केवल इस जन्म के नहीं, बल्कि पिछले कई जन्मों के कर्म देखे जाते हैं। यही कारण है कि तुम कई बार अच्छे लोगों को कष्ट पाता देखते हो, जबकि दुराचारी व्यक्ति तुम्हें सुखी दिखाई पड़ता है। इसे व्यक्तिगत कर्म कहते हैं। परंतु जब बात समाज के सामूहिक कर्म की होती है, तब व्यक्तिगत कर्म का सिद्धांत काम नहीं करता। उस समय ईश्वर का अवतार सक्रिय हो जाता है और फिर सामूहिक कर्म का फल भी सामूहिक रूप से ही मिलता है।"

कल्कि की बात ठीक थी, लेकिन मेरे मन में शंका शेष थी। मैंने कहा, "मेरे पिता फौजी थे। वे तो केवल अपनी नौकरी कर रहे थे। उन्हें लड़ाई में जाने का आदेश हुआ और उन्होंने उसका पालन किया। इसमें उनकी क्या गलती थी? उन्हें किस भूल की सजा मिली? और हमारा क्या? हमें किस गलती का दंड मिल रहा है? नन्ही सुजाता ने, मेरी माँ ने, मैंने...हमने क्या किया था?" यह कहते-कहते मेरा गला रुँध गया।

"तुम्हारे पिता की नौकरी से मेरा कोई संबंध नहीं है!" कल्कि ने रूखेपन से कहा। "युद्ध एक ऐसा सामूहिक दुष्कर्म है, जो लोभ और अहंकार के कारण जबरदस्ती किया जाता है। दो देशों के बीच लड़ाई ऐसा काम नहीं है, जिसके बिना

इनसान रह नहीं सकता। मैं मानता हूँ कि इनसान को अपने हितों की रक्षा करने का पूरा अधिकार है, किंतु दूसरे की जमीन छीनने तथा सत्ता हड़पने का अधिकार उसे किसने दिया? दरअसल, इनसान को धन और शक्ति की अनंत भूख है। तुमने देखा, किस तरह केवल एक व्यक्ति की मौत ने पूरी दुनिया को उन्माद की आग में झोंक दिया और प्रकृति को असीमित क्षति पहुँचाई। यह अधिकार इनसान को किसने दिया?" कल्कि ने मेरी ओर देखा। उसे मुझसे किसी उत्तर की अपेक्षा नहीं थी।

फिर वह आगे बोला, "तुम्हारे पिता अच्छे इनसान थे। उन्हें अपने अच्छे कर्मों का फल भी मिलने वाला था। क्या तुम्हें पंडित श्यामचरण शुक्ल याद हैं?" कल्कि ने पूछा।

मुझे कल्कि के मुँह से पंडितजी का नाम सुनकर बहुत हैरानी हुई। "हाँ, मैं उन्हें जानता हूँ। वे हमारे गाँव में ही रहते हैं। लेकिन तुम क्यों पूछ रहे हो?"

"तुम शायद भूल रहे हो," कल्कि बोला। "पंडितजी किसी के घर नहीं जाते, लेकिन वे तुम्हारे पिता से मिलने आए थे। उन्होंने तुम्हारे पिता को युद्ध में जाने से रोकते हुए कहा भी था कि यह साधारण लड़ाई नहीं है। यह विकराल रूप ले सकती है और इसमें उनकी जान को खतरा है। शुक्लजी की बात सारा गाँव मानता है, फिर भी तुम्हारे पिता ने उनकी बात नहीं सुनी। अगले दिन तुम्हारे पिता ने सामान बाँधा और लड़ाई के लिए निकल पड़े। उसका परिणाम तुम्हारे सामने है!"

"तुम यह बात कैसे जानते हो?" मैंने पूछा, हालाँकि इस प्रश्न को पूछने का अब कोई मतलब नहीं था।

"तुम्हारे पिता के अच्छे कर्मों का ही फल था कि शुक्लजी को उनसे मिलने की प्रेरणा हुई थी। परंतु मैंने तुम्हें बताया कि ईश्वर केवल रास्ता दिखाता है। फिर भी, व्यक्ति गलत मार्ग पर चलना चाहे तो ईश्वर क्या करेगा!"

"परंतु मेरे पिता की मृत्यु युद्ध में नहीं, बल्कि बीमारी से हुई थी," मैंने स्पष्ट करना चाहा।

"हाँ," कल्कि ने कहा, "तुम्हारे पिता का शुक्लजी की बात न मानना, उनके व्यक्तिगत कर्म का फल था। लेकिन बीमारी से उनकी मृत्यु होना, समाज के दुष्कर्म का सामूहिक फल है। समाज जिस काम को मिलकर करता है, उसका अच्छा या बुरा फल देने का काम मेरा है!"

"वह फल तुमने दिया है? मतलब वह बीमारी तुमने··· ?" कल्कि ने मेरी दुविधा बढ़ा दी थी।

"हाँ, उस बीमारी का जीवाणु मैंने बनाया था!" कल्कि ने कहा। यह सुनकर मेरे होश उड़ गए। "मैंने कहा था कि मेरे गुरु ऋषि परशुराम ने मुझे हर तरह का ज्ञान दिया है। उन्होंने मुझे अस्त्र-शस्त्र और आधुनिक हथियार चलाने के साथ जैविक व रासायनिक युद्ध का भी प्रशिक्षण दिया है। इनसान ने गोला-बारूद, बम और बंदूकें बनाईं, एक-दूसरे को मारा और शक्ति का दुरुपयोग किया। मेरे विधान में इस अपराध के लिए क्षमा नहीं है। इसलिए इनसान को सजा देने के लिए मुझे कुछ ऐसा करना था, जिससे बचने का उपाय न हो। यूरोप समेत दुनिया-भर के वैज्ञानिक उस जीवाणु की दवाई खोजने में लगे हैं। वह जीवाणु एक खतरनाक वायरस है! वैज्ञानिक जब तक इसकी दवाई तैयार करेंगे, तब तक बहुत देर हो चुकी होगी। यह संक्रमण दुनिया भर में फैल जाएगा। अहंकार के मद में चूर कुछ लोगों की भूल की कीमत करोड़ों निर्दोष अपनी जान देकर चुकाएँगे। मनुष्य के सामूहिक कुकर्मों के लिए श्रीहरि विष्णु ने जो दंड देने का आदेश मुझे दिया था, मैंने तो बस, वही किया है।"

"महाभारत युद्ध के बाद श्रीकृष्ण ने भी शक्ति के दुरुपयोग के विरुद्ध अश्वत्थामा को चेतावनी दी थी," मेरे मुँह से अचानक निकल गया।

"हाँ, लेकिन मनुष्य ने उस कथा से क्या सीखा? श्रीकृष्ण ने अश्वत्थामा को हजारों वर्ष जीवित रहने का शाप इसलिए दिया था, ताकि अश्वत्थामा के माध्यम से कलियुग के लोगों तक कृष्ण का संदेश पहुँच जाए। परंतु क्या इनसान ने कुछ सीखा? नहीं, कुछ नहीं!" कल्कि के चेहरे पर क्रोध साफ झलक रहा था। "यदि मनुष्य गलतियाँ दोहराता रहेगा तो मैं भी इसी तरह दंड देता रहूँगा। वह फिर भूल करेगा तो फिर सजा मिलेगी। याद रखो, रमानाथ! यह सृष्टि मेरी रचना है। इसमें केवल मनुष्य नहीं रहता। इसमें असंख्य जीव-जंतु, पेड़-पौधे भी साँस लेते हैं। उनका भी इस धरती की मिट्टी, पानी और हवा पर बराबर का अधिकार है। मैंने इस संसार को बड़े प्रेम से रचा है। यदि मनुष्य इसके साथ खिलवाड़ करेगा तो उसे भी मेरा क्रोध सहने के लिए तैयार रहना चाहिए!"

मैं स्तब्ध खड़ा कल्कि को देखता रहा। उसने सहसा पूरी तसवीर पलट दी थी।

"मैं एक आवश्यक कार्य से कुछ दिनों के लिए बाहर जा रहा हूँ," कल्कि

ने कहा। "आनेवाले कुछ दिनों तक तुमसे मुलाकात नहीं होगी। मैं सही समय पर तुम्हें स्वयं बुला लूँगा। अपनी माँ और बहन का ध्यान रखो। फिर भेंट होगी!" यह कहकर कल्कि मुड़ा और हवा की तरह गायब हो गया।

मुझे सवालों के जवाब मिल चुके थे। पूछने को कुछ भी शेष नहीं था।

□

12

17 अगस्त, 1919

कल्कि ने उस संक्रामक बीमारी का जीवाणु बनाकर अराजक और असभ्य मानव समाज को जो सबक सिखाया, वह इतिहास के पन्नों में दर्ज है और उसे दुनिया कभी नहीं भूल सकती।

डॉक्टर और जीव-विज्ञानी साल भर तक उस बीमारी का इलाज खोजते रहे। मैंने पढ़ा कि डॉक्टरों ने लंबे अरसे तक उस संक्रमण की रोकथाम के लिए तरह-तरह की वैक्सीन बनाईं, लेकिन सारे प्रयास व्यर्थ सिद्ध हुए।

कुछ दिनों में बीमारी का प्रकोप कम हुआ तो लोगों ने चेहरों पर लगे मास्क उतार दिए और मिलना-जुलना शुरू कर दिया। मनुष्य की आदतों में कोई सुधार नहीं हुआ। एक बार फिर जीवन ने सामान्य रफ्तार पकड़ ली। लेकिन यह कल्कि का कोप था, इतनी जल्दी शांत कैसे हो जाता! कुछ ही दिनों में बीमारी का दूसरा दौर आरंभ हुआ। लोग फिर बीमार पड़ने लगे। पहले की तरह खाँसी, बुखार, साँस लेने में तकलीफ होने लगी। चेहरों पर मास्क लौट आए, लोगों के बीच दूरियाँ बन गईं और पहले की तरह जीवन फिर थम गया।

बीमारी का यह दूसरा दौर, पहले की अपेक्षा पाँच गुना अधिक शक्तिशाली था। इस दौरान संक्रमित होने और मरनेवालों की संख्या में जैसे विस्फोट हो गया। लोग सड़क पर चलते-चलते गिरने लगे। उन्हें संक्रमण के डर से कोई उठाता तक नहीं था। बीमारी का दूसरा दौर कुछ महीने तक जारी रहा, लेकिन फिर धीमा पड़ गया। कुछ समय में संक्रमण के मामले लगभग खत्म हो गए तो लोगों को विश्वास हो गया कि बीमारी पूरी तरह ठीक हो चुकी थी। मास्क उतर गए और इनसान की पुरानी गतिविधियाँ दोबारा चालू हो गईं।

कल्कि का कोप एक बार फिर बरसा। कुछ ही समय में लोगों के फिर से बीमार होने की खबरें आने लगीं। इस बीच दवाएँ मिलनी शुरू हो गई थीं और लोग लक्षण देखकर तुरंत सावधान हो जाते थे। उन्होंने संक्रमण ज्यादा फैलने से पहले

मास्क पहन लिये, सामाजिक दूरी बना ली और गतिविधियों व कार्यों को कुछ समय के लिए फिर बंद कर दिया।

ईश्वर, मनुष्य से अधिक दयावान् है। आखिर तीन बार अपना प्रकोप दिखाकर कल्कि ने इनसान को सँभलने का अवसर दिया। वायरस पूरी तरह समाप्त हो गया किंतु 1914 से 1918 तक चार साल चले युद्ध में मारे गए लोगों से कहीं ज्यादा क्षति एक साल के भीतर उस संक्रामक रोग से हुई थी। अखबारों में उस बीमारी और उससे होनेवाली मौतों के अलावा कुछ और नहीं छपता था। हमें खबरों से पता लगा कि बीते चौदह महीनों में विश्व के 50 करोड़ से ज्यादा लोग संक्रमण का शिकार हुए और लगभग 5 करोड़ लोगों की मौत हो गई। 10 प्रतिशत का मृत्यु-दर! ये आँकड़े सचमुच भयावह थे।

विश्व-भर में मरनेवाले लोगों में सबसे ज्यादा भारतीय थे। दुनिया इस संक्रामक बीमारी से उबरी ही थी कि इधर, भारत में आजादी की लड़ाई ने जोर पकड़ लिया। महात्मा गांधी और अन्य बड़े क्रांतिकारियों के नेतृत्व में अंग्रेजों को देश से खदेड़ने की हर संभव कोशिश चल रही थी। इसी बीच हमारे छोटे-से गाँव संभल में गाँववालों ने मिलकर मेरे स्वर्गीय पिता को श्रद्धांजलि देने के लिए उनकी एक छोटी-सी मूर्ति बनवाई थी।

मैं जब भी पिताजी की मूर्ति को देखता तो मुझे उनका अंतिम बार खाँसना याद आ जाता था। कल्कि की कही सब बातें सच हो गई थीं। उसे गए चार महीने बीत चुके थे और उसके बिना अच्छा नहीं लगता था। उसने जाने से पहले मुझसे कहा था कि वह सही समय पर मुझे बुला लेगा। फिर भी, मैंने कई बार तालाब पर घंटों बैठ उसका इंतजार किया लेकिन वह नहीं आया।

एक दिन मैं दोपहर के भोजन के बाद लेटा तो मुझे नींद आ गई। नींद आई तो एक सपना भी आया। मैं जान चुका था कि मुझे स्वप्न भी कल्कि की प्रेरणा से आते थे। वह भी बड़ा आश्चर्यजनक स्वप्न था।

मैंने देखा, कल्कि मुझे फिर मिलने का वचन देकर मुड़ा और हवा की तरह गायब हो गया। वह देवदत्त पर सवार होकर सीधा अपने गुरु परशुराम के पास महेंद्र पर्वत पर पहुँच गया। परशुराम की छवि की तरह उनका रूप भी भयावह था। उनकी लंबी व घनी दाढ़ी ने उनके पूरे चेहरे को ढक लिया था। वर्षों से दायित्व के बोझ को उठाता उनका तन वृद्ध, किंतु तेजपूर्ण और सक्रिय था। उनके चेहरे पर अलग तरह की कठोरता थी, जो सामान्यतया ऋषियों के मुख पर नहीं होती। फिर

मुझे ध्यान आया कि परशुराम मुख्य रूप से क्रोधी स्वभाव के हैं।

यह विचित्र बात है कि कोई व्यक्ति हजारों वर्षों तक अकेला एक ही स्थान पर रहकर भी ऊबता नहीं है। लेकिन परशुराम साधारण मनुष्य कहाँ हैं! वे तो विष्णु के अवतार हैं। मैंने उनके पास रखा उनका दिव्य फरसा देखा, जिससे परशुराम ने इक्कीस बार क्षत्रियों का संहार किया था। वह अपने आश्रम में एक विशाल वट-वृक्ष के नीचे बैठे तप में लीन थे। वह वृक्ष भी परशुराम की तरह हजारों वर्ष पुराना लग रहा था। उसकी असंख्य शाखाओं में से ढेरों नए वट-वृक्ष उग आए थे।

कल्कि के आश्रम में प्रवेश करने पर परशुराम ने आँखें खोलीं और फिर दोनों ने एक-दूसरे को प्रणाम किया। कल्कि, परशुराम का शिष्य था और उनसे आयु में हजारों वर्ष छोटा था, किंतु परशुराम जानते थे कि उनकी तरह कल्कि भी विष्णु का अवतार है और वह ईश्वर की आज्ञा से ही उनका शिष्य बनकर आया है। इसलिए गुरु-शिष्य परंपरा के बावजूद दोनों के मन में एक-दूसरे के लिए भरपूर आदर और प्रेम था।

"आओ कल्कि, तुम्हारा कार्य कहाँ तक पहुँचा?" परशुराम ने सीधा प्रश्न किया।

"गुरुदेव, मैंने आपकी आज्ञा से भगवान् शिव की आराधना की थी। मेरी वर्षों की कड़ी साधना से महादेव प्रसन्न हुए और उन्होंने मुझे अपने उद्देश्य में सफल होने का आशीर्वाद दिया। उन्होंने यह भी कहा कि मुझे कलि राक्षस के प्रभाव से पैदा हुई समस्याओं का अंत करने के लिए कुछ अन्य चीजों की आवश्यकता होगी।"

"हाँ कल्कि," परशुराम बोले। "मैं जानता हूँ। भगवान् शिव ने तुम्हें देवदत्त नाम का अश्व दिया था। पक्षीराज गरुड़, भगवान् विष्णु के वाहन हैं और तुम भगवान् विष्णु के अवतार हो, इसलिए शिव ने तुम्हें वाहन के रूप में देवदत्त सौंपा था। यह चमत्कारी अश्व स्वयं गरुड़ का अवतार है। इसीलिए यह मन की गति से चलता है और तीनों लोकों में विचरण कर सकता है। मुझे यह भी ज्ञात है कि भगवान् शिव ने तुम्हें दो और चीजें दी थीं।"

कल्कि ने मुझे देवदत्त के विषय में यह सब कभी नहीं बताया, लेकिन उस दिन मुझे स्वप्न में कल्कि के जीवन से जुड़ी उन बातों का पता लगा, जिनसे मैं अब तक अनजान था।

"जी गुरुदेव! आप सत्य कहते हैं," कल्कि ने कहा। "भगवान् शंकर ने मुझे एक त्रिकालज्ञ तोता भी दिया। उसका नाम शुक है। यह सूक्ष्म रूप में मेरे साथ रहता है। इसे भूत, भविष्य और वर्तमान तीनों की जानकारी है। मैं देवदत्त और शुक की सहायता से धरती पर अपने कार्यों को पूरा कर रहा हूँ। शुक मुझे बताता है कि अतीत में कहाँ और किसका शोषण हुआ था। यही मुझे वर्तमान में चल रहे अनुचित कार्यों की जानकारी देता है। मुझे शुक से भविष्य में होनेवाली घटनाओं की भी सूचना मिल जाती है। मैं इसकी दी गई जानकारी के अनुसार ही अपनी योजनाएँ बनाता और उन्हें कार्यान्वित करता हूँ। इसके अलावा, शिव की दी हुई यह दिव्य तलवार भी अदृश्य रूप में मेरे साथ रहती है।"

इतना कहकर कल्कि ने अपना हाथ उठाया तो उसके हाथ में एक चमकती हुई लंबी धारदार तलवार आ गई। उसकी मूठ विलक्षण धातु की बनी थी और उस पर विष्णु का कमल पुष्प अंकित था। मैंने तसवीरों में बहुत तरह की तलवारें देखी थीं लेकिन ऐसी शानदार तलवार स्वप्न में भी पहले कभी नहीं देखी थी! कल्कि ने धीरे-से अपने बाएँ कंधे पर हाथ रखा तो मुझे उसके कंधे पर एक तोता बैठा नजर आया। वह सामान्य से काफी बड़ा था लेकिन वह कल्कि के साथ सूक्ष्म रूप में रहता था, इसीलिए कल्कि से इतनी बार मिलने पर भी मेरी नजर उस पर कभी नहीं गई।

परशुराम ने कल्कि से पूछा, "तुम्हारी आगे क्या योजना है?"

"सिंहल द्वीप!" कल्कि ने मुसकराते हुए कहा। "शुक का कहना है कि मुझे सिंहल द्वीप जाना चाहिए। वहाँ के राजा बृहद्रथ और रानी कौमुदी की एक कन्या है, जिसका नाम पद्मा है। वह देवी लक्ष्मी का अवतार है। पद्मा को भगवान् शिव ने वरदान दिया है कि स्वयं नारायण उससे विवाह करेंगे। यदि मनुष्य, देव, दैत्य, गंधर्व आदि किसी ने भी पद्मा पर कुदृष्टि डाली तो वह तत्काल स्त्री बन जाएगा। इसलिए पद्मा मेरी प्रतीक्षा कर रही है। मैं आपका आशीर्वाद लेने आया हूँ। मैं पद्मा से विवाह करके वापस संभल लौट जाऊँगा। वहाँ अपने पारिवारिक जीवन को गति देने के बाद आगे का कार्य संपन्न करूँगा। फिलहाल यह योजना है। आगे जैसा होगा, आपको सूचित करूँगा।"

इसके बाद कल्कि ने परशुराम को प्रणाम किया और उछलकर देवदत्त पर सवार हो गया। शुक उसके कंधे पर बैठा था। पहले कल्कि की तलवार अदृश्य हुई और फिर देखते-ही-देखते शुक का आकार इतना छोटा हो गया कि वह

मुझे दिखना बंद हो गया। अगले ही क्षण इधर कल्कि ने ऐड़ लगाई और उधर देवदत्त हवा से बातें करने लगा।

मन की गति से उड़नेवाले गरुड़ के अवतार देवदत्त ने कल्कि को पलक झपकते सिंहल द्वीप की सीमा पर लाकर खड़ा कर दिया। सिंहल द्वीप, भारतीय प्रायद्वीप के दक्षिणी छोर से थोड़ी दूरी पर समुद्र के बीच में स्थित एक बहुत सुंदर द्वीप था। चारों ओर पानी से घिरा होने के कारण सिंहल में अनुपम हरियाली और प्राकृतिक सौंदर्य दिखाई पड़ रहा था। मुझे पता था कि कल्कि अपने विवाह के लिए सिंहल द्वीप गया था। मुझे संभल में उसके माता-पिता का खयाल आया। कल्कि के तीन बड़े भाई भी थे। कितने आश्चर्य की बात थी कि उनमें से किसी को कल्कि के विवाह की सूचना तक नहीं थी! मेरी जानकारी में विष्णु के पूर्ववर्ती अवतारों ने ऐसा नहीं किया। राम हों या कृष्ण, दोनों का विवाह धूमधाम से हुआ था। परंतु जिस तरह कलियुग विचित्र था, उसी तरह इस युग के अवतार की लीला भी अजीब थी।

स्वप्न में देखे दृश्य कई बार याद नहीं रहते किंतु मुझे अच्छी तरह याद है कि पद्मा के पिता राजा बृहद्रथ ने अपनी कन्या के लिए स्वयंवर रचाया था। उसमें विश्व भर के बलशाली राजा, सुंदर-सजीले राजकुमार पद्मा से विवाह की इच्छा लेकर सिंहल द्वीप आए थे। पद्मा ने जयमाला हाथ में लेकर विवाह-कक्ष में प्रवेश किया तो उसका रूप-लावण्य देखकर सभा में बैठे राजाओं के मुख खुले रह गए। पद्मा बहुत सुंदर थी। उसका रूप सचमुच देवी लक्ष्मी से कम न था। लगभग सभी राजा काम के ऐसे वशीभूत हुए कि उनके हाथ से अस्त्र-शस्त्र छूटने लगे। उन राजाओं ने जैसे ही पद्मा को कामातुर दृष्टि से देखा, भगवान् शिव के वरदान के प्रभाव से कल्कि को छोड़कर शेष सभी राजा स्त्री बन गए और पद्मा की सहेली बनकर उसके पीछे-पीछे चलने लगे। पद्मा ने कल्कि को देखा तो वह उसका नारायण के समान सुंदर और आकर्षक रूप देखते ही मोहित हो गई।

मुझे नहीं पता कि पद्मा और उसके माता-पिता से कल्कि की क्या बातचीत हुई लेकिन कल्कि और पद्मा का विवाह संपन्न हो गया। पद्मा को लेकर कल्कि अपने गाँव संभल लौट आया। घर पहुँचकर कल्कि ने देखा कि उसके तीनों बड़े भाइयों का भी विवाह हो चुका था और उन तीनों के दो-दो पुत्र थे। कल्कि के सबसे बड़े भाई कवि का विवाह कामकला से हुआ और उनके दो पुत्र हुए—बृहत्कीर्ति एवं बृहत्बाहु। मँझले भाई प्राज्ञ की पत्नी का नाम सुमति

था। उनके भी दो पुत्र थे—यज्ञ और विज्ञ। सबसे छोटे भाई सुमंत्रक का विवाह मालिनी से हुआ था। उनके भी दो पुत्र थे, जिनके नाम शासन एवं वेगवान थे।

मैंने उस छोटे-से स्वप्न में कल्कि की जीवन-गाथा का एक बड़ा और महत्त्वपूर्ण अंश देख लिया था। मुझे पता लग गया कि कल्कि संभल लौट आया था और उसका इस तरह स्वप्न में आना संकेत था कि मेरी और कल्कि की मुलाकात जल्द होने वाली थी। मेरी नींद टूटने को थी। उससे पहले कल्कि मुझे देखकर मुसकराया और बोला, "कल सुबह मिलते हैं!"

तभी मेरी नींद खुल गई। दिन ढलने को था। माँ संध्या की तैयारी कर रही थीं और सुजाता हमेशा की तरह खिलौनों से खेल रही थी। मेरा मन प्रसन्न था, क्योंकि मैं बहुत समय के बाद कल्कि से मिलने वाला था। लेकिन मैंने यह नहीं सोचा था कि वह हमारी अंतिम मुलाकात होगी!

□

13

18 अगस्त, 1919

मैं भोर की पहली किरण के साथ तालाब पर पहुँच गया। कल्कि पहले की तरह अल्हड़ मुद्रा में खड़ा पानी की सतह पर उठती तरंगें देख रहा था। वह मेरी ओर पीठ करके खड़ा था लेकिन उसे मेरे आने का आभास हो चुका था। वह मुड़ा और मुझे देखकर मुसकराया। उसकी आकर्षक गहरी आँखें, होंठों पर मनमोहक मुसकान, हवा में उड़ते काले लंबे बाल और दाएँ कंधे पर लहराता गेरुआ वस्त्र मुझे सहज ही सम्मोहित कर लेते थे। देवदत्त और शुक उसके साथ नहीं थे। तलवार का वहाँ कोई काम न था। कल्कि को देखकर मेरी उसे गले लगाने की इच्छा हुई। मैंने एक कदम आगे बढ़ाया लेकिन उसके और मेरे बीच उतना ही अंतर था, जितना सत्य और स्वप्न में होता है। मैंने पैर पीछे खींच लिया लेकिन कल्कि ने मुझे ऐसा करते देख लिया था।

"कैसे हो?" कल्कि ने स्नेहिल ढंग से पूछा।

"तुमसे किसका हाल छिपा है?" मैंने भी प्रश्न का जवाब प्रश्न से दिया।

उसे मेरा उत्तर पसंद आया। वह बोला, "मैं तुमसे एक जरूरी बात कहना चाहता हूँ।"

"तुमने स्वप्न में सबकुछ तो बता दिया। अब क्या बाकी रह गया है?" मैंने कटाक्ष किया।

"हर बात स्वप्न में कहने की नहीं होती!" वह बोला, "कुछ ऐसा भी तो होना चाहिए, जो तुम्हें हमेशा याद रहे और जिसे तुम सच मान सको।"

"ठीक है, बताओ, क्या बात है?" मैंने अनमने ढंग से पूछा। मैं बहुत दिन बाद कल्कि से मिला था, फिर भी मुझे अपेक्षा के अनुसार खुशी या उत्सुकता महसूस नहीं हो रही थी। सहसा मन से उसके लिए लगाव मंद पड़ने लगा था। मैं इसका कारण समझ नहीं पाया।

"तुम जानते हो कि मेरा विवाह हो चुका है और मेरा अब एक परिवार है," कल्कि ने कहा। "तुम यह भी जानते हो कि मेरा जन्म एक विशिष्ट उद्देश्य के लिए

हुआ है। मैं संभल में पैदा अवश्य हुआ हूँ, लेकिन मुझे अपने कार्यों को पूरा करने के लिए संसार-भर में अनेक स्थानों पर जाना पड़ेगा।"

"मैं जानता हूँ कि तुम्हारे पास मुझसे मिलने के अलावा और भी कई काम हैं!" मेरे मुँह से निकल गया। मेरा व्यवहार रूखा होता जा रहा था। कल्कि के साथ जो अपनापन और स्नेह विकसित हुआ था, वह सहसा दुर्बल और क्षीण हो रहा था।

"मैं यह कहने आया हूँ कि यह हमारी आखिरी मुलाकात है!" कल्कि इतना कहकर चुप हो गया।

उसका ऐसा कहना मेरे लिए सदमे से कम नहीं था। फिर भी मुझे उतना दुःख नहीं हुआ, जितना होना चाहिए था। मैं चुप खड़ा रहा। मैं बहुत कुछ कहना चाहता था, लेकिन शब्द नहीं मिल रहे थे।

"रमानाथ! मैं जानता हूँ, तुम्हें कैसा लग रहा है परंतु मुझे जाना होगा," कल्कि ने कहा। "मैं तुमसे केवल यह वचन चाहता हूँ कि मुझसे हुई मुलाकातों और बातों का तुम किसी से उल्लेख नहीं करोगे। कुछ समय बाद तुम्हारा भी विवाह हो जाएगा। फिर तुम्हारे बच्चे होंगे। तुम बूढ़े हो जाओगे, दादा बन जाओगे। आजादी की लड़ाई कुछ सालों में खत्म हो जाएगी और भारत आजाद हो जाएगा। इस बीच, फिर एक बार विश्व के कई देश आपस में लड़ेंगे, बेहिसाब तबाही होगी, लाखों लोग मारे जाएँगे, इनसान के हाथों इनसान कष्ट पाता रहेगा, विभिन्न देशों के बीच सत्ता की लड़ाई चलती रहेगी। विश्व स्तर पर हुए एक युद्ध का परिणाम तो तुम देख चुके हो, परंतु कलियुगी इनसान को बदलना आसान नहीं है। समय बीतेगा तो वह अधिक विनाशकारी हथियार बनाएगा, अधिक शक्ति अर्जित करेगा और हत्याएँ करता जाएगा। प्रकृति को क्षति होती जाएगी। मैं धैर्य के साथ यह सब देखता रहूँगा। समय-समय पर धर्म का मार्ग दिखानेवाले सत्पुरुष आते रहेंगे लेकिन उनकी अनदेखी भी होती रहेगी। फिर एक दिन आएगा, जब मेरे धैर्य का बाँध टूट जाएगा। मैं किसी को क्षमा नहीं करूँगा। इस स्थिति को आने में लगभग सौ वर्ष और लग सकते हैं। तुम शायद वह समय देखने के लिए न रहो लेकिन मैं जिस काम के लिए आया हूँ, उसे पूरा करके ही जाऊँगा!"

"तुम्हें इतने वर्ष प्रतीक्षा करनी थी तो अभी यह बीमारी फैलाने का क्या औचित्य था?" मैंने पूछा।

"तुम्हारा प्रश्न उचित है," वह बोला। "लेकिन मैंने वर्ष 1918 से 1919 के बीच एक वर्ष में जो कर दिखाया है, उसे भावी पीढ़ियाँ हमेशा याद रखेंगी। मनुष्य इस संक्रामक रोग से उत्पन्न आपदा को कभी नहीं भूल सकेगा! वह चाहे तो इससे

सबक लेकर अपनी आदतों में सुधार कर सकता है। इनसान को यह समझना होगा कि वह कितनी भी भौतिक या वैज्ञानिक प्रगति कर ले, किंतु उसके प्रयास प्रकृति व प्राणि-जगत् के विरुद्ध होंगे तो ईश्वर का कोप बरसने में समय नहीं लगेगा। मनुष्य ने जितना विध्वंस चार वर्ष के युद्ध में किया था, उससे कहीं ज्यादा मैंने एक वर्ष में कर डाला है। यह ध्यान रहे कि यह मेरे असीमित सामर्थ्य की केवल छोटी-सी झलक है!"

"मुझे तुम्हारे सामर्थ्य और तुम्हारी अलौकिक शक्तियों का भलीभाँति पता है," मैंने उसे बीच में टोककर कहा। "परंतु तुमने अपने बारे में किसी को बताने से मना किया है। फिर लोगों को कैसे पता लगेगा कि इस घातक संक्रमण के पीछे तुम्हारी मंशा क्या थी?"

"क्या तुम अपने घर की चीजों को क्षति पहुँचाते हो? क्या तुम्हें कोई बाहर से आकर यह समझाता है कि अपने सामान को तोड़ना-फोड़ना गलत है?" कल्कि का यह प्रश्न अजीब था।

"अपने घर को क्षति कौन पहुँचाता है!" मैंने तपाक से कहा। "यह बात किसी को कहने या समझाने की क्या जरूरत है? इतनी बात तो एक बच्चा भी समझता है।"

"बिल्कुल ठीक!" कल्कि मुसकराया। "परंतु क्या आज का मनुष्य इस बात को समझता है? नहीं! यह संसार उसका घर ही तो है। सभी मनुष्य और प्राणी एक बड़े परिवार के सदस्य हैं, लेकिन वह अपने ही घर के पेड़-पौधों को काट रहा है, अपने ही लोगों को मार रहा है, अपने ही भाई-बहनों पर अत्याचार कर रहा है। इस परिवार के कुछ सदस्य फल-फूल रहे हैं और कुछ को दो जून की रोटी भी नसीब नहीं होती। इनसान 'वसुधैव कुटुंबकम्' की बात करता है, यानी यह धरती और इसके प्राणी एक परिवार की तरह हैं। लेकिन यह केवल नारा बनकर रह गया है, इसलिए धीरे-धीरे वह समय निकट आ रहा है, जब इनसान को अपने परिवार के सदस्यों के साथ मिलकर प्रेम से रहने के कायदे-कानून सीखने होंगे।"

"इस परिवार में तुम्हारी क्या भूमिका है?" मैंने न चाहते हुए भी पूछ लिया।

"मैं इस परिवार का मुखिया हूँ!" कल्कि ने रोब से कहा। "यहाँ केवल मेरे बनाए नियम चलते हैं। मैं थोड़ी देर घर के बच्चों की शरारत को सहन कर सकता हूँ, लेकिन वे जरूरत से ज्यादा उपद्रवी हो जाएँगे तो उन्हें सबक सिखाना ही पड़ेगा।"

"तुमने यह सब बताने के लिए मुझे क्यों चुना?" हम संवाद के अंतिम चरण पर आ पहुँचे थे।

"तुम मुझे अच्छे लगे!" कल्कि हँस पड़ा। "ईश्वर अपने कार्यों के लिए किसी को माध्यम बनाता है। तुम मेरे गाँव के हो, तुम्हारे पिता ने युद्ध में हिस्सा लिया, इसलिए मुझे लगा कि हर दृष्टि से तुम इस काम के लिए उपयुक्त हो।"

"आगे क्या?" मुझे आभास था कि यह मेरा अंतिम प्रश्न था।

"कुछ नहीं! मैं अपना कार्य पूरा करूँगा और तुम्हारा जीवन सामान्य ढंग से चलेगा। समय आने पर जरूरत पड़ी तो तुम्हारी अगली या उससे अगली पीढ़ी से फिर मुलाकात होगी। चलता हूँ रमानाथ, अपना खयाल रखना!"

कल्कि ने शुरू में ही मेरा पीछे हटा कदम देख लिया था। वह मेरी इच्छा को अधूरा छोड़कर नहीं गया। उसने आगे बढ़कर मुझे गले लगा लिया। एक बार फिर मेरे दिल के सारे दर्द मिट गए और भारीपन दूर हो गया। कल्कि से हुई उस आखिरी मुलाकात के दौरान मैंने महसूस किया कि उसके प्रति लगाव में कमी भी उसकी इच्छा से आई थी। शायद उसने अंतिम विदाई से पहले ही मुझे इसके लिए तैयार कर दिया था। हमें अलग जो होना था!

कल्कि चला गया। मैं काफी देर तक तालाब किनारे खड़ा रहा। मुझे उसके जाने के बाद भी उसकी उपस्थिति का एहसास हो रहा था। मैं उस दिव्य आभास को अपने साथ घर ले जाना चाहता था क्योंकि वह मेरी और कल्कि की अंतिम मुलाकात थी।

□

14

14 मार्च, 1980, रियाध (सऊदी अरब)

आप सोच रहे होंगे कि यह कहानी संभल गाँव से अचानक साठ वर्ष आगे विदेश के रियाध शहर कैसे पहुँच गई ? मैं बताता हूँ।

कल्कि के जाने के कुछ वर्ष बाद मेरी माँ सुशीला का देहांत हो गया। फिर मैंने अपनी बहन सुजाता का विवाह कर दिया। मैंने भी शादी कर ली। मेरी पत्नी कौशल्या स्वभाव से बहुत भली थी। दुर्भाग्य से, एक दिन गाँव के पास खेत में काम करते समय साँप के काट लेने से उसकी मृत्यु हो गई।

हमारा एक बेटा था—शंकरनाथ त्रिवेदी। कौशल्या के निधन के समय शंकर बहुत छोटा था। गाँव में पढ़ाई-लिखाई की अच्छी व्यवस्था नहीं थी। रिश्तेदार भी नहीं थे। आखिर, मेरा मन गाँव से ऊब गया और मैं शंकर के साथ संभल छोड़कर देश की राजधानी दिल्ली चला गया। फिर वहाँ से किसी तरह मुझे सऊदी अरब के रियाध शहर आने का मौका मिल गया। यहाँ काम करने के अच्छे पैसे मिलते थे। शंकर को पढ़ाना और उसे एक नेक इनसान बनाना मेरे जीवन का मुख्य उद्देश्य था।

मैंने रियाध में कपड़ों का व्यापार शुरू किया। भाग्य से, काम चल निकला। आर्थिक स्थिति अच्छी हो तो जीवन शांति से कट जाता है। कुछ वर्षों में व्यापार भी जम गया। मेरी उम्र ढलने लगी थी, इसलिए व्यापार का सारा दायित्व शंकर के कंधों पर आ गया। शंकरनाथ की भी उम्र बढ़ रही थी। मेरे बहुत समझाने पर आखिरकार उसने सरस्वती नाम की एक लड़की से विवाह कर लिया।

दो साल बाद शंकर की पत्नी ने एक बेटे को जन्म दिया। हमने उसका नाम रखा—गौरव त्रिवेदी। गौरव शुरू से ही होनहार था। वह खेलता-कूदता मेरे पास आकर बैठ जाता। उसे पौराणिक कहानियाँ सुनने का शौक था। एक दिन गौरव ने अचानक भगवान् विष्णु का नाम लिया और उनके अवतारों के बारे में पूछने लगा ! यह सुनकर मुझे बहुत हैरानी हुई। सहसा मुझे कल्कि की याद आ गई।

कल्कि से मिले लगभग छह दशक बीत चुके हैं। उसने आखिरी मुलाकात

में जिन भावी राष्ट्रीय व अंतरराष्ट्रीय घटनाओं का जिक्र किया था, सबकुछ वैसा ही होता गया। उसके जाने के लगभग ढाई दशक बाद भारत आजाद हो गया। इस बीच एक और भयंकर विश्व युद्ध हुआ, जिसमें फिर लाखों लोग मारे गए। पहले विश्व युद्ध से कई गुना अधिक तबाही हुई। बहुत-से देश बर्बाद हो गए। इनसान ने फिर इनसान का खून बहाया। अनेक देशों पर आतंकवाद का काला साया मँडराने लगा। धन और बाहुबल के दम पर चुनाव लड़े व जीते गए। सत्ता का वही घिनौना खेल आज भी जारी है। विज्ञान और तकनीक का परचम ऊँचा हो रहा है लेकिन मनुष्य के चरित्र ने पतन के नए कीर्तिमान स्थापित कर लिये हैं! विध्वंसक हथियारों के नित नए कारखाने बन रहे हैं। मनुष्य शक्ति अर्जित करता और खून बहाता चला जा रहा है। उसने प्रकृति को कभी अपनी माँ नहीं समझा। बल्कि, प्रकृति को दासी मानकर उसका शोषण किया है। मुझे भरोसा है कि कल्कि यह सब देख रहा होगा और उसके मन में इनसान को सबक सिखाने की नई योजनाएँ आकार ले रही होंगी। इस क्षण भी, जब मैं आपको यह कहानी सुना रहा हूँ तो मैं जानता हूँ कि संसार के किसी अज्ञात स्थान पर बैठा कल्कि अपने दिव्य उद्देश्य की पूर्ति की तैयारी में लगा होगा।

हालाँकि गौरव अभी केवल पाँच साल का है, लेकिन यह तय है कि उसके बाल-मन में विष्णु की कथा सुनने की इच्छा भी कल्कि की प्रेरणा से ही पैदा हुई है। गौरव के मुँह से 'अवतार' शब्द निकलना इस बात का संकेत है कि कल्कि फिर आने वाला है। मुझे विश्वास है कि वह आज नहीं तो कल, गौरव से जरूर मिलेगा!

□

कल्कि की वापसी

1

12 जुलाई, 2005, गाँव संभल

अमर होना इनसान की इच्छा हो सकती है, लेकिन वास्तव में यह भ्रम से ज्यादा कुछ नहीं है। सनातन सत्य तो यही है कि जिसने जन्म लिया है, उसे एक दिन पंचतत्त्व में विलीन होना है। ऐसा मेरे दादाजी स्वर्गीय श्री रमानाथ त्रिवेदी कहा करते थे। जी हाँ, उनका निधन हो चुका है! मैं उनका पोता हूँ—गौरव त्रिवेदी।

मैं जानता हूँ कि मैं आपकी कल्पना में अभी पाँच साल का बच्चा ही हूँ, लेकिन आपको बता दूँ कि उस बात को तीस वर्ष बीत चुके हैं। मेरे दादाजी की आपसे जब आखिरी बार बात हुई, उसके तीन साल बाद, यानी मैं जब आठ साल का था तो उनकी मृत्यु हो गई थी। वे चाहते थे कि रियाध जैसे समृद्ध शहर की चकाचौंध का मुझ पर बुरा असर न पड़े, इसलिए मेरे माता-पिता ने मुझे व्यापार की भाग-दौड़ से दूर रखा और हमेशा पढ़ने-लिखने के लिए प्रेरित किया। वे दोनों मुझे अपने गाँव संभल की मिट्टी और वहाँ के संस्कारों की याद दिलाते रहते थे। इसी कारण मैं यह कभी नहीं भूला कि मैं एक छोटे-से गाँव का रहनेवाला हूँ।

सन् 1998 में एक कार दुर्घटना में मेरे माता-पिता की मृत्यु हो गई थी। मैं उस समय तेईस वर्ष का था। दादाजी और माता-पिता के गुजर जाने के बाद मैं रियाध में अकेला रह गया। जीवन नीरस हो चुका था। इनसान अकेला रह जाए तो उसके पास सोचने के अलावा कोई और काम नहीं रह जाता लेकिन मेरे पास तो सोचने के लिए भी कुछ नहीं था! मैंने बहुत कोशिश की, लेकिन मेरा मन वहाँ नहीं लगा। आखिर, मैं रियाध छोड़कर अपने गाँव संभल वापस चला आया।

मेरे लिए गाँव का माहौल बिल्कुल नया था। मुझे कुछ काम करना था। मुझे रियाध में खिलौने की दुकानें बहुत आकर्षित करती थीं, इसलिए मैंने संभल आकर अपना शौक पूरा कर लिया। भाग्य ने भी साथ दिया और गाँव में खिलौनों की दुकान चल पड़ी। घर-खर्च लायक कमाई होने लगी तो घर चलानेवाली की जरूरत महसूस हुई। गाँव में कमाई अच्छी हो तो विवाह में समस्या नहीं होती। किस्मत

ने यहाँ भी साथ दिया। वर्ष 2002 में एक अच्छे और शिक्षित परिवार की लड़की सविता से मेरा विवाह हो गया। विवाह के दो वर्ष बाद 2004 में हमारे घर चाँद-सी बिटिया आ गई। हमने उसका नाम 'नीलिमा' रखा। नीलिमा छह साल की भी नहीं हुई थी जब विधाता ने मेरे साथ फिर अन्याय किया। मेरी पत्नी सविता की अचानक हृदय-गति रुक जाने से मृत्यु हो गई। नीलिमा की देखभाल का सारा जिम्मा अब मुझ पर था।

□

2

18 दिसंबर, 2012, रियाध (सऊदी अरब)

आप सोच रहे होंगे, मैं संभल में था तो रियाध कैसे पहुँचा? सच बताऊँ तो मैं भी यही सोच रहा हूँ!

मुझे सिर्फ इतना पता है कि मुझे यहाँ नहीं होना चाहिए था। आज से लगभग एक सदी पहले एक बेटे ने अपने पिता को महामारी में खो दिया था। समय भी क्या कमाल चीज है! बीता हुआ कल अपने को दोहराता है और आनेवाला कल क्या लाएगा, किसी को नहीं पता। मैं अपनी आठ साल की मासूम बेटी नीलिमा की मौत का दोषी ऊपरवाले को मानता हूँ। मेरी पत्नी की मृत्यु के बाद मेरी बेटी के अलावा मेरा कोई नहीं था। अगर ईश्वर सचमुच है तो मुझे भरोसा है कि वह मुझे एक दिन यह जरूर बताएगा कि उसने मुझसे मेरी बेटी क्यों छीन ली!

दरअसल, मैं नीलिमा को छुट्टियों में घुमाने के लिए रियाध लाया था लेकिन मुझसे न जाने ऐसा क्या अपराध हुआ कि भगवान् को हमारी खुशी मंजूर नहीं हुई। जितना पीड़ादायी सत्रह वर्ष के बच्चे के लिए अपने जवान पिता के शव को उठाना है, उससे भी ज्यादा एक पिता के कंधों पर अपनी बेटी के शव का बोझ है।

कहते हैं, अपना दुख किसी को कह देने से मन हलका हो जाता है। इसलिए आपसे कुछ कहना चाहता हूँ। संभल में मेरी खिलौनों की दुकान है। पत्नी के गुजर जाने के बाद से मैं अकेला ही नीलिमा को सँभाल रहा था। पिछले महीने मैं उसे रियाध के रेगिस्तान दिखाने यहाँ लाया था।

आप जानते हैं कि मेरे दादाजी रमानाथ त्रिवेदी के बाद मेरा बचपन रियाध में बीता था। मैं नीलिमा को रियाध में अपना पुश्तैनी मकान भी दिखाना चाहता था। यह सोचकर कि नीलिमा की यह पहली विदेश यात्रा होगी, मैं उसे यहाँ लाने के लिए बहुत उत्साहित था। मुझे नहीं पता था कि यह उसकी पहली और आखिरी यात्रा होगी!

मैं यहाँ जैसे ही पहुँचा, मैंने सुना कि सऊदी अरब में 'मर्ड' (मिडिल ईस्ट

रेस्पीरेटरी डिसीज) नाम की एक जानलेवा बीमारी फैली थी। इसका एक नाम 'कैमल फीवर' भी था, क्योंकि यह बीमारी ऊँटों से फैलती है। वह रोग तेजी से सऊदी से पूरी दुनिया में फैल गया। इसने कई बड़े देशों को अपना शिकार बना लिया। लेकिन सबसे ज्यादा रोगी सऊदी में थे। कारण साफ है। दुनिया में सबसे ज्यादा ऊँट यहीं पाए जाते हैं और इस बीमारी का वायरस—जिसे मर्ड म्यूटा वायरस कहते हैं—ऊँटों से इनसानों में आया था। अब यह वायरस इनसान से इनसान में फैल रहा था।

मेरा उद्‌देश्य मर्ड पर शोध करना नहीं है। मैं आपको केवल इसके बारे में थोड़ा-सा बताना चाहता था। सुना है, ईश्वर जो करता है, अच्छा करता है। लेकिन मेरी बेटी की जान इस भयंकर बीमारी में चली गई, इसमें क्या अच्छा था, यह मैं जानना चाहता हूँ! यह कटाक्ष नहीं है। मैं सचमुच जानना चाहता हूँ कि इस तरह निर्दोष लोगों की जानें लेकर ईश्वर आखिर क्या साबित करना चाहता है? मेरी बेटी ने जब आखिरी साँस ली, तभी मैंने भारत वापस जाने का फैसला कर लिया था क्योंकि जिस मिट्टी में नीलिमा की जान गई, वहाँ रुकने का कोई मतलब नहीं था। मैं रियाध से अगर कुछ वापस लाया तो वह थी, नीलिमा की यादें और एक घाव, जो शायद वक्त के साथ भर जाएगा लेकिन उसका निशान कभी नहीं मिटेगा।

मैंने या मेरे परिवार के किसी सदस्य ने ऐसा कुछ नहीं किया, जिसके लिए हमें यह सजा मिली। हमने किसी को न सताया और न कोई गलत या गैर-कानूनी काम किया। मैं यह नहीं कहना चाहता कि जो गलत काम नहीं करते, वे अमर हो जाते हैं। लेकिन आठ साल की बच्ची की मौत सामान्य बात नहीं है। मैं समझता हूँ कि ऊपरवाले की बनाई इतनी बड़ी दुनिया में यूँ तो मेरी कोई हैसियत नहीं है, फिर भी इंसाफ माँगने का अधिकार तो मुझे भी है।

अपनी जन्मभूमि और अपने पूर्वजों की कर्मभूमि रियाध को अंतिम प्रणाम करके मैंने वह जगह हमेशा के लिए छोड़ दी।

□

3

6 अप्रैल, 2013, गाँव संभल

अगर आप इतिहास के पन्नों पर नजर डालें तो पाएँगे कि ऐसा अनेक बार हुआ है जब कुछ लोगों के कारण लाखों लोगों ने अपनी जान गँवाई है। दूसरा विश्व युद्ध मानवता के इतिहास का सबसे काला अध्याय माना जाता है। अधिकतर लोग जर्मनी के आर्मी जनरल और तानाशाह एडॉल्फ हिटलर को इसका दोषी मानते हैं। इस युद्ध में सैनिकों और आम नागरिकों को मिलाकर लगभग 6 करोड़ से ज्यादा लोगों की जान गई। क्या युद्ध में मारे गए वे सभी लोग बुरे थे? क्या सबने गलत काम किए थे, जिनकी सजा भगवान् ने उन्हें दी? जाहिर सी बात है, ऐसा नहीं हो सकता। यह भी साफ है कि मरनेवाला हर व्यक्ति दोषी हो, यह जरूरी नहीं है।

मुझे 5 नवंबर, 2012 की शाम अच्छी तरह याद है। मैं नीलिमा को घुमाने ले गया था। वह जगह रियाध की मुख्य बस्ती से उत्तर-पश्चिम दिशा में लगभग 55 किलोमीटर की दूरी पर थी। उस समय इस इलाके में 'कैमल फीवर' का प्रभाव नहीं के बराबर था। मैंने नीलिमा के साथ ऊँट की सवारी की। वह एक शानदार अनुभव था। नीलिमा को बहुत मजा आया। हम तय करके गए थे कि ऊँट की सवारी जरूर करेंगे लेकिन आज मुझे उस सवारी का पछतावा होता है।

दस दिन बाद, यानी 15 नवंबर को, नीलिमा को हलका बुखार आया। मैंने डॉक्टर से बिना पूछे स्वयं ही नीलिमा को बुखार की दवाई दे दी, जो हम साथ लाए थे। नीलिमा ठीक भी हो गई। हम एक सप्ताह तक घूमते-फिरते रहे। 22 नवंबर को नीलिमा की तबीयत दोबारा बिगड़ने लगी।

इस बीच मर्ड के कुछ मामले सामने आ चुके थे। मैं घबरा गया और नीलिमा को तुरंत अस्पताल ले गया। मैंने उसे नहीं बताया कि मुझे किस बात का डर था। हम अस्पताल पहुँचे तो मैंने वहाँ जो दृश्य देखा, वह किसी को न देखना पड़े तो बेहतर है। एक मरीज, जिसे पहले मामूली खाँसी थी, खून की उलटियाँ कर रहा था। मेरा अनुमान है कि वह केवल खाँसी का इलाज करवाने आया होगा लेकिन डॉक्टरों

ने जाँच की तो पता लगा कि वह मर्ड म्यूटा वायरस से संक्रमित था। एक लड़का अपनी माँ को गोद में उठाकर ला रहा था। वह रो रहा था और उसकी माँ बेहोश थी। मुझसे भी अधिक दयनीय स्थिति में लोग पहले से मौजूद थे। वे जिंदगी और मौत के बीच संघर्ष कर रहे थे।

नीलिमा को तेज बुखार था। उसकी जाँच हुई। मुझे जिस बात का डर था, वही हुआ। उसका मर्ड टेस्ट पॉजिटिव निकला! नीलिमा के संपर्क में रहने के कारण डॉक्टरों ने मेरा भी टेस्ट किया था, लेकिन मेरी रिपोर्ट नेगेटिव आई। पता नहीं मैं, क्यों और कैसे बच गया? फिर मैं कई दिन अस्पताल में रहकर प्रार्थना करता रहा। परंतु ईश्वर ने मेरी प्रार्थना नहीं सुनी। आखिर 2 दिसंबर, 2012 को मेरी प्यारी नीलिमा मुझे छोड़कर हमेशा के लिए चली गई।

मुझसे यह खबर सहन नहीं हुई और मैं अस्पताल के फर्श पर बैठकर जोर-जोर से रोने तथा भगवान् को कोसने लगा। फिर मुझे नीलिमा का शव सौंप दिया गया। काश, मेरा टेस्ट भी पॉजिटिव आ जाता और नीलिमा के साथ मेरी भी मौत हो जाती!

मैंने अपनी गोद में लेटी निष्प्राण नीलिमा को देखा। फिर मैंने आसपास के दृश्य देखे तो लगा कि अस्पताल से बाहर निकल जाना ही उचित होगा। मुझे लोगों की हालत पर तरस आ रहा था। भगवान् किसी की असमय जान क्यों लेता है? मैं यही सवाल दोहराता घर आ गया। उस रात मुझे नींद नहीं आई। मैंने मौत और पीड़ा को इतने नजदीक से पहली बार देखा था।

इस घटना के बाद मैं रियाध से अपने गाँव संभल लौट आ गया। लेकिन मर्ड की खबरें यहाँ भी सुनने को मिलती रहीं। यह सच है कि मर्ड से पीड़ित लोगों का प्रतिशत कुल आबादी के मुकाबले बहुत कम था लेकिन किसी रोगग्रस्त इलाके में रहना खतरे से खाली नहीं होता। मैंने खबरों में पढ़ा कि रियाध में मर्ड की मृत्यु-दर लगभग 35 प्रतिशत पहुँच गई थी। इसका अर्थ हुआ कि हर सौ मरीजों में से पैंतीस की मृत्यु हो जाती थी! मैंने अखबारों में सड़कों पर तड़पते लोगों की तसवीरें देखीं। किसी को साँस नहीं आती थी तो किसी का शरीर बुखार से तपता था। स्वस्थ लोग अचानक सड़क के किनारे गिर जाते थे और रोगियों की साँस रुक जाती थी। ऐसे कई लोग थे, जो सुबह घर से निकले, लेकिन शाम को घर नहीं लौटे। यही हाल अन्य पड़ोसी देशों का भी था। यूरोप के देश भी इस बीमारी का शिकार हो गए थे। इन सबसे लगता है कि दुनिया को चलानेवाली शक्ति निश्चित तौर पर किसी बात से नाराज है।

नीलिमा के बिना जीने की आदत डालना बहुत मुश्किल था लेकिन इसके अलावा मेरे पास कोई दूसरा रास्ता भी नहीं था। सच कहूँ तो एक बार आत्महत्या का विचार भी मन में आया लेकिन मैं इतना कमजोर नहीं हूँ! मैंने ऊपरवाले की इच्छा को स्वीकार कर लिया। परंतु मुझे अपने प्रश्न के उत्तर का इंतजार रहेगा कि अपनी ही बनाई दुनिया में तबाही करके भगवान् को क्या हासिल होता है ?

□

4

16 मई, 2013, संभल

नीलिमा को दुनिया छोड़कर गए पाँच महीने से ज्यादा हो चुके हैं। उसकी कमी रोज महसूस होती है। लेकिन मैं उस खालीपन और दुःख को सहने के अलावा कुछ नहीं कर सकता। खिलौनों की मेरी दुकान ठीक चल रही है। पहले की तरह पुराने और नए—दोनों ग्राहक आते हैं। सभी लोग नीलिमा की मौत पर शोक प्रकट कर चुके हैं। कभी-कभी मन में यह सवाल भी आता है कि मैंने यह दुकान क्यों खोल रखी है? यह कमाई किसके काम आएगी? इस पैसे को किसकी पढ़ाई-लिखाई या किसे घुमाने-फिराने पर खर्च करूँगा? लेकिन इन सवालों से परे कुछ है, जिसने जीने की इच्छा को जिंदा रखा है।

गाँव में नीलिमा की एक दोस्त रहती है—अनन्या। वह नीलिमा को 'नीलू' बुलाती है। अनन्या के घरवालों ने उससे फिलहाल यही कहा है कि नीलू अपने चाचाजी के पास रियाध में है। लेकिन सच यह है कि नीलिमा का कोई चाचा नहीं है! विवशता इनसान से झूठ बुलवाती है। इसमें संदेह नहीं कि मेरे साथ जो हो रहा है, वह दुर्भाग्यपूर्ण है लेकिन मैंने इसी तरह जीने की आदत डाल ली है। कोई पिता अपनी बेटी के साथ खिलौने लेने मेरी दुकान पर आता है तो मेरी आँखें भीग जाती हैं। ईश्वर से पूछे गए सवाल का उत्तर मिलना अभी बाकी है।

~

मेरी दुकान से घर के रास्ते में एक गली है, जो अधिकतर सुनसान रहती है। वह गली जहाँ खत्म होती है, वहाँ से आगे एक बड़ा-सा बंजर और वीरान क्षेत्र है। उसमें पहले बहुत-से पेड़ थे, जो अब सूखकर ठूँठ हो गए हैं। वहाँ से बियाबान जंगल शुरू हो जाता है, इसलिए वह इलाका किसी खतरनाक बीहड़ से कम नहीं है। लोग वहाँ जाने से घबराते हैं। किसी ने भूत नहीं देखा, लेकिन लोग वहाँ भालू होने का दावा करते हैं। हालाँकि इसकी भी पुष्टि नहीं हुई और न भालुओं के हमले की कोई खबर

सुनने को मिली। लेकिन केवल सच्चाई का पता लगाने के लिए वहाँ जाना बुद्धिमानी नहीं है! आखिर, भालू जंगली और खतरनाक पशु होता है।

मैं एक दिन शाम को दुकान से घर लौट रहा था तो मुझे बीहड़ के निकट एक व्यक्ति दिखाई पड़ा। वह शायद उस इलाके में नया था और वहाँ के रास्तों से परिचित नहीं था। मैं कुछ पल रुककर सोचने लगा कि मुझे क्या करना चाहिए। मैंने उसे सावधान करना जरूरी समझा। मुझे किसी बात का डर नहीं था क्योंकि मेरे पास खोने को कुछ नहीं है।

यह जानते हुए भी कि वह मेरा आखिरी दिन हो सकता था, मैं उस दिशा में आगे चला गया। मुझे उस व्यक्ति को खतरे से बचाना था। मैंने अभी आधा रास्ता ही तय किया था कि उस व्यक्ति की नजर मुझ पर पड़ गई। वह अचानक मुड़ा और बीहड़ के अंदर जाने लगा। मुझे उसका ऐसा करना विचित्र लगा। मैंने उसे आवाज दी, "जरा रुकिए!" और मैं तेजी से उसकी ओर बढ़ने लगा। उसने मेरी आवाज सुनी और पीछे मुड़कर देखा। मैंने उसे हाथ से इशारा किया तो वह रुक गया।

मैं उसके निकट पहुँचा और बोला, "आप यहाँ क्या कर रहे हैं? यह जगह बहुत खतरनाक है। आप शायद संभल गाँव के निवासी नहीं हैं, इसीलिए आपको यहाँ के बारे में जानकारी नहीं है।"

मैं उसके जवाब का इंतजार करने लगा। लेकिन वह कुछ नहीं बोला और शांत खड़ा रहा। मुझे नहीं पता, वह डरा हुआ था या मानसिक तौर पर बीमार था अथवा रास्ता भटक गया था। मुझे उस पर दया आ गई। मैंने उससे बात करने की कोशिश की।

"आप कौन हैं और कहाँ से आए हैं?" मैंने पूछा। लेकिन उसने मेरी बात का जवाब नहीं दिया। उसके चेहरे से लगा कि वह मेरी बात समझ रहा था। मैंने एक और कोशिश की, "देखिए, आप जो भी हैं, यह जगह इनसानों के लिए सुरक्षित नहीं है। लोग कहते हैं, यहाँ भालू रहते हैं। आप मेरे साथ चलिए। मैं आपको यहाँ से बाहर जाने का सुरक्षित रास्ता बता देता हूँ।"

वह मुसकराया और आसमान की ओर देखने लगा। मुझे ऐसे लोग पसंद नहीं हैं, जो बात का जवाब नहीं देते। लेकिन मुझे पता नहीं था कि वह व्यक्ति किन परिस्थितियों में भटक रहा था। संभव था कि वह बहरा या गूँगा हो, इसलिए बिना कुछ जाने उससे नाराज होना उचित नहीं था।

वह चेहरे से मुझे भला आदमी लगा। मुख पर चमक थी। मैंने फिर पूछा, "क्या आपको भालुओं के बारे में पता है?" उसने सिर हिलाया और हामी भरी। मैं

समझ गया कि उससे बात की जा सकती थी।

मैंने पूछा, "क्या आपको बोलने में कोई परेशानी है? अगर आप बोलकर जवाब देंगे तो आपसे बात करना आसान हो जाएगा।"

वह कुछ पल मुझे देखता रहा, फिर धीरे-से बोला, "हाँ, मैं बोल सकता हूँ। मुझे कोई परेशानी नहीं है। यहाँ दो भालू रहते हैं और वे दोनों मेरे दोस्त हैं।"

यह सुनकर मैं चकित हो गया। एक पल को मुझे विश्वास नहीं हुआ कि कोई इनसान भालुओं से कैसे दोस्ती कर सकता है।

मैंने उससे पूछा, "अगर आपको कोई परेशानी है तो आप मुझे बता सकते हैं। मैं आपकी मदद करने का प्रयास करूँगा।"

"नहीं, मैं ठीक हूँ," उसने धीमी आवाज में उत्तर दिया।

"लेकिन पहले आप यहाँ से चलिए," मैंने उससे कहा। "यह जगह खतरनाक है और यहाँ जंगली जानवर होने का अंदेशा है। वे दुष्ट जानवर बीहड़ से निकलकर हमला भी कर सकते हैं।"

"आपको जानवर दुष्ट क्यों लगते हैं?" उसने पहली बार आगे बढ़कर कुछ कहा था और वह भी प्रश्न था।

मुझे अच्छा लगा कि वह मुझसे बात करने लगा था। मैंने कहा, "मुझे डर है कि वे जानवर हमें मारकर खा जाएँगे। आप ही बताइए, किसी निर्दोष को मारनेवाले को दुष्ट नहीं तो क्या कहा जाए?"

"ऐसा नहीं है," वह बोला। "मैं यहीं रुकना पसंद करूँगा। आप मेरा विश्वास कीजिए। मेरे रहते वे भालू आप पर हमला नहीं करेंगे।"

यह सुनकर मुझे उस पर संदेह हुआ। वह विचित्र और रहस्यमयी लग रहा था। शाम ढलने को थी। चारों ओर अँधेरा होने लगा। मुझे थोड़ा डर भी लग रहा था। स्थिति बदल चुकी थी। पहले मैंने उसे देखा तो मैं उसके लिए चिंतित था, लेकिन अब मुझे अपने लिए चिंता हो रही थी।

मैंने डरते हुए पूछा, "मैं कैसे मानूँ कि भालू आपके दोस्त हैं? भालू तो बहुत खूँखार और ताकतवर होता है। उसके पंजे के एक ही वार से इनसान की मृत्यु होना तय है। यह भी सच है कि भालू इनसानों पर दया नहीं करते।" यह कहकर मैं बीहड़ में गहराते अंधकार को देखने लगा।

वह बोला, "मैंने आपसे कब कहा कि आप मेरा विश्वास कीजिए? आप स्वयं ही इस ओर आए हैं।" उसकी बात सच थी। मेरा डर बढ़ता जा रहा था। मुझे लगा कि यहाँ से निकल जाने में ही भलाई है।

मैं मुड़कर जाने लगा तो वह बोला, "आप चाहें तो मैं उन भालुओं को यहाँ बुलाकर यह साबित कर सकता हूँ कि वे बिल्कुल खतरनाक नहीं हैं। वैसे, मुझे तो सभी प्राणी बहुत पसंद हैं।"

मुझे भरोसा हो गया कि वह व्यक्ति बोल सकता था और उसे कोई परेशानी नहीं थी। ऐसा भी नहीं था कि वह भटकता हुआ उस जगह आ पहुँचा था। लेकिन मुझे उसकी बातों में पागलपन के लक्षण अवश्य दिख रहे थे। वह खुद को भालुओं का दोस्त बता रहा था और उन्हें बुलाकर मौत को निमंत्रण देने की बात कर रहा था। कोई खुद मौत के मुँह में जाना चाहे तो उसे कैसे बचाया जा सकता है?

मैंने उसकी बात को अनसुना कर दिया और लौटने लगा। तभी मुझे उस व्यक्ति की आवाज सुनाई पड़ी।

"टीया! जिंगू! यहाँ आओ। कोई तुमसे मिलना चाहता है!" वह बीहड़ की ओर मुँह करके किसी को पुकार रहा था।

मैं रुकना नहीं चाहता था लेकिन किसी अदृश्य शक्ति ने मानो मेरे पैर रोक लिये थे। मैंने घूमकर देखा तो एक पल के लिए मेरी साँस थम गई। मेरे सामने दो बड़े-बड़े भालू खड़े थे, जो मुझे टकटकी लगाए देख रहे थे। उनके पास खड़ा वह रहस्यमयी व्यक्ति मुझे देखकर मुसकरा रहा था।

मेरे सामने मौत खड़ी थी! मैं उस क्षण को कोस रहा था, जब मैं उस अनजान व्यक्ति की सहायता करने बीहड़ की तरफ आया था। मुझसे बड़ी भूल हो गई थी। नीलिमा की मौत के बाद मुझे लगता था कि मैं भीतर से पत्थर हो चुका हूँ और मुझे मौत से डर नहीं लगता। परंतु दो ऊँचे कद के खूँखार भालुओं को सामने खड़ा देखकर मुझे समझ आया कि मैं गलत था। इनसान जब तक जीवित है, उसके मन से मौत का डर कभी नहीं निकलता।

मेरे जीवन का कोई उद्देश्य नहीं है। फिर भी, इनसान को भाग्य से कितनी ही शिकायतें हों, मौत सामने आ जाए तो वह किसी भी तरह जिंदा रहना चाहता है। मैं घुटनों पर बैठकर गिड़गिड़ाया, "मुझे क्षमा कर दीजिए। मुझसे गलती हो गई।" मैंने सोचा कि शायद उस व्यक्ति को मुझ पर दया आ जाए और वह मुझे जीवित छोड़ दे। परंतु फिर उसने कुछ ऐसा किया, जिसे देखकर मेरा खून जम गया।

"टीया! जिंगू! आगे बढ़ो!!" उसने दोनों भालुओं को जैसे ही इशारा किया, वे दोनों तेजी से मेरी ओर भागने लगे। उस एक क्षण में मुझे नीलिमा और अपनी पत्नी का चेहरा याद हो आया। मुझे विश्वास हो गया कि मेरा अंत निकट था। मैंने आँखें

बंद कर लीं और मौत के अंतिम वार का इंतजार करने लगा। लेकिन किसी ने हमला नहीं किया तो मैंने डरते हुए धीरे से आँखें खोलीं। उसके बाद जो हुआ, उसने मुझे और भी हैरान कर दिया।

वे दोनों भालू मेरे बिल्कुल पास खड़े थे। मेरे आँखें खोलते ही वे दोनों मेरे गालों को चाटने लगे। मुझे लगा मैं सपना देख रहा हूँ। मेरे आश्चर्य की सीमा नहीं रही। मैं खामोश बैठा रहा। तभी मुझे उस व्यक्ति की आवाज सुनाई दी, "बच्चो, खेल बहुत हुआ! घर लौट जाओ।"

उसकी आवाज सुनकर दोनों भालू मुड़े और जैसे आए थे, उसी तरह चुपचाप बीहड़ में लौट गए। उस एक क्षण में जो हुआ, उस पर मुझे विश्वास नहीं हो रहा था। मैं उठा और उस व्यक्ति के पास पहुँचा। *यह साधारण इनसान नहीं हो सकता!* मैं उसके बारे में जानना चाहता था।

परंतु उसने दूर से ही हाथ हिलाकर कहा, "आज नहीं, कल आना। तब अपने विषय में बताऊँगा।"

इसे कैसे पता कि मैं इसके बारे में जानना चाहता हूँ? मुझे फिर हैरानी हुई।

मुझे उसकी आवाज सुनाई दी, "आपको कल तक मेरे एक प्रश्न का उत्तर खोजना है कि धरती का सबसे दुष्ट प्राणी कौन है? आप इतना तो जान ही गए कि इसका जवाब "भालू" नहीं है! कल मिलते हैं।"

मैं कुछ कह पाता, इससे पहले वह बीहड़ में गायब हो चुका था।

□

5

17 मई, 2013, संभल

मैं घर आ गया, लेकिन उस विचित्र व्यक्ति का विचार दिमाग से नहीं गया। उसके बारे में जानने के लिए मुझे फिर उसी खतरनाक जगह पर जाना जरूरी था। सच कहूँ तो मुझे वहाँ दोबारा जाने में डर भी लग रहा है। मैं टीया और जिंगू को याद करता हूँ तो मेरी रूह काँप जाती है। मैं फिर उस तरह के अनुभव के लिए तैयार नहीं हूँ। मेरे मन में उस व्यक्ति के बारे में तरह-तरह के विचार आ रहे हैं। *कहीं वह तांत्रिक तो नहीं है, जिसने जंगली पशुओं को अपने वश में कर रखा है? वह मुझसे क्या चाहता है?*

बहुत सोचने के बाद मैंने फैसला किया कि डरना ठीक नहीं है। यदि वह मुझे मारना चाहता तो उसके पास मौका था। लेकिन उसने मुझे जीवित छोड़ दिया। मैंने तय किया कि मैं दुकान से लौटते समय उससे मिलने अवश्य जाऊँगा। मुझे उसके विषय में जानना है। वह कौन है? बीहड़ में क्यों रहता है? ऐसे कई सवाल हैं, जो मुझे पूछने हैं।

उसने भी मुझसे एक सवाल पूछा था कि धरती का सबसे दुष्ट प्राणी कौन है? मुझे इसका उत्तर बहुत पहले से पता है। पिताजी से इस बारे में कई बार बात होती थी। इस सवाल का जवाब बहुत आसान है। इसमें जरा भी संशय नहीं कि दुनिया के समस्त प्राणियों में सबसे दुष्ट इनसान है!

मैंने तय किया कि इसी जवाब के साथ उससे मिलने जाऊँगा। मैंने उसके विषय में किसी से कोई बात नहीं की।

हम यह मान चुके हैं कि भगवान् जो करता है, अच्छा करता है। मुझे खुशी है कि नीलिमा की मौत के बाद मेरे मन में आत्महत्या का खयाल, केवल विचार बनकर ही रह गया। यदि मैंने वह भयानक कदम उठा लिया होता तो शायद मैं उस रहस्यमयी व्यक्ति की रोमांचक कहानी सुनाने के लिए आज जीवित न होता।

मैं दुकान से लौटते समय बीहड़ के पास से गुजरा तो वह व्यक्ति उसी जगह

मौजूद था और अपने भालू दोस्तों के साथ खेल रहा था। उसने मुझे दूर से आता देखकर जिंगू और टीया को जाने का संकेत कर दिया। उसका इशारा मिलते ही दोनों भालू आज्ञाकारी बच्चों की तरह बीहड़ में चले गए।

मैं भालुओं को जाते देख रहा था और वह व्यक्ति मेरा डरा हुआ चेहरा देखकर मुसकरा रहा था। उसके बिना कुछ कहे मैं समझ गया कि उसकी मुसकान व्यंग्य से भरी थी। वह बोलता तो यही कहता कि जरा देखो! दुनिया का सबसे खूँखार जानवर भोले और मासूम पशुओं से किस तरह डरता है!

मैं उसके निकट पहुँच गया। मैंने हाथ जोड़कर अभिवादन किया। उसने भी उसी अंदाज में जवाब दिया। मैंने कहा, "आप चाहें तो अपने दोस्तों को बुला सकते हैं। मुझे उनसे अब डर नहीं लगता।"

वह मुसकराया। "आपने मेरे प्रश्न का उत्तर खोज लिया?" उसने पूछा।

"हाँ!" मैंने खुश होकर कहा, "मेरे विचार से, इनसान, धरती का सबसे क्रूर प्राणी है!"

"बिल्कुल सही!" वह बोला। कुछ देर हम दोनों चुप खड़े रहे। फिर उसने कहा, "आप मुझसे कुछ पूछना चाहते थे, लेकिन मैं जल्दी में था, क्योंकि देवदत्त मुझे लेने आ गया था। बताइए, आपको क्या पूछना है? लेकिन मेरी एक शर्त है।"

"कैसी शर्त?" मैंने आश्चर्य से पूछा।

"यह कि आप मुझसे हुई मुलाकात के बारे में किसी से बात नहीं करेंगे। क्या आपको यह शर्त मंजूर है?"

"हाँ, मुझे मंजूर है," मैंने बेहिचक कह दिया। "लेकिन आपने यह शर्त क्यों रखी?"

"यह समझ लीजिए कि मुझे इनसानों पर विश्वास नहीं है!"

"मैं भी तो इनसान हूँ, तो फिर मुझ पर विश्वास क्यों?" मैंने हिम्मत करके पूछ लिया।

"इसका कारण आपको जल्द पता लग जाएगा।"

वह व्यक्ति आम लोगों से अलग था। उसे देखकर उसकी उम्र का अंदाजा लगाना कठिन था। उसका तन थोड़ा वृद्ध दिखता था, लेकिन आँखों में युवाओं-सी चमक थी और चेहरे पर ऋषि-मुनियों जैसा तेज था।

मैंने धीरे से पूछा, "आप दूसरों से अलग दिखते हैं। आप कौन हैं और यहाँ क्यों रहते हैं? मैं भालुओं से तो मिल चुका हूँ, लेकिन यह देवदत्त कौन है? आपकी

भालुओं से दोस्ती कैसे हुई?…ऐसे और भी कई सवाल हैं, जो मुझे पूछने हैं?" यह कहकर मैं चुप हो गया और उत्तर का इंतजार करने लगा।

वह मुसकराया और बोला, "देवदत्त मेरा दोस्त है, मेरा प्यारा सफेद घोड़ा! जहाँ तक भालुओं से दोस्ती की बात है तो सच मानिए कि केवल भालू ही नहीं, बल्कि धरती के सब पशु-पक्षी मेरे दोस्त हैं। शेर, चीते, कीड़े-मकोड़े, बंदर, भालू, पक्षी, साँप, मगरमच्छ…यहाँ तक कि पौधे भी!"

मैंने ध्यान दिया कि उसने मनुष्य को छोड़कर लगभग हर प्राणी को अपना दोस्त बताया। मैं भालू जैसे खतरनाक पशु से उसकी दोस्ती की झलक देख चुका था।

मैंने मुसकराकर कहा, "लगता है, आप पूरे संसार के मित्र हैं—जगत् मित्र! लेकिन आपने इनसान का नाम नहीं लिया। क्या आपने उसे जान-बूझकर इस सूची से बाहर रखा है? और सबसे जरूरी प्रश्न यह कि आपने मुझे अब तक नहीं बताया कि आप कौन हैं? और यहाँ क्यों रहते हैं?"

मैं हैरान था कि उस अजनबी व्यक्ति ने मेरे जैसे हताश और दुःखी इनसान के मन में भी जिज्ञासा पैदा कर दी थी।

वह बोला, "आपको मेरी बातों पर विश्वास नहीं होगा। लेकिन यह सच है कि इनसान धोखेबाज होते हैं। छल-कपट उनके स्वभाव का हिस्सा है। यही कारण है कि मैंने उन्हें दोस्तों की सूची से बाहर रखा है। मैं आपकी एक और गलतफहमी दूर कर देना चाहता हूँ। आप मुझे साधारण इनसान समझने की भूल न करें। लेकिन मुझसे डरने की भी जरूरत नहीं है। मैं कोई शैतान नहीं हूँ!" यह कहकर वह हँस पड़ा और फिर चुप हो गया।

मैं सन्न रह गया। वह इनसान जैसा दिखते हुए भी इनसान न होने का दावा कर रहा था। मैंने कहा, "आप मुझे बताएँ कि आप कौन हैं? मैं पहले ही बहुत कष्ट पा चुका हूँ। मैंने आपका भरोसा तोड़ा तो भगवान् मुझसे और नाराज हो जाएँगे और मैं यह बिल्कुल नहीं चाहता। इसलिए मेरा विश्वास कीजिए, मैं किसी से कुछ नहीं कहूँगा।"

"क्या आपको मुझसे डर लग रहा है?" उसने पूछा।

मैंने थोड़ा रुककर जवाब दिया, "मैं पहली बार में थोड़ा घबराया था, परंतु आज पता नहीं क्यों, मुझे डर नहीं लग रहा।"

वह मुसकराया और भारी आवाज में बोला, "लेकिन सच यह है कि आपको मुझसे डरना चाहिए! आपको ही नहीं, समूची मनुष्य जाति को मुझसे डरना चाहिए।"

"ऐसा क्यों?" मुझे आश्चर्य हुआ। मेरे मन में डर फिर लौट आया।

"आप जानना चाहते हैं, मैं कौन हूँ!" वह अचानक रोबदार आवाज में बोला, "मैं इस दुनिया से अराजकता और असंतुलन को मिटाने आया हूँ। मैं प्रकृति को इनसानों से बचाने आया हूँ। मैं मनुष्य को यह बताने आया हूँ कि उसकी ताकत मेरे सामने सीमित है। इनसान स्वयं को धरती का स्वामी समझने लगा है, लेकिन मैं उसे याद दिलाने आया हूँ कि वास्तव में सृष्टि का स्वामी इनसान नहीं, बल्कि ईश्वर है! मेरा जन्म भारत देश के छोटे-से संभल गाँव में हुआ लेकिन मुझमें विश्व की समस्त बड़ी शक्तियों को झुका देने का सामर्थ्य है। भगवान् ने इनसान को धरती के सब प्राणियों से श्रेष्ठ बनाया, उसे बुद्धि दी, विवेक दिया। इनसान ने शुरुआत अच्छी की थी। उसने सकारात्मक खोज और आविष्कार किए और वह सही मार्ग पर चल रहा था। लेकिन फिर न जाने क्यों, एक इनसान दूसरे के खून का प्यासा हो गया! इतने बड़े प्राणि-जगत् में इनसान ही अकेला ऐसा जीव है, जिसने अपने धर्म, यानी दायित्व के रास्ते से हटकर अधर्म के मार्ग पर चलना शुरू कर दिया। वह कपट और क्रूरता की सीमाएँ लाँघता गया। मैं देखना चाहता हूँ कि परमाणु बम बनाकर इनसान क्या कर सकता है! इनसान प्रयोगशालाओं में तरह-तरह के जैविक हथियार और वायरस बना रहा है। मैं देखूँगा इनसान की ताकत अपने ही बनाए वायरस को कैसे रोक पाएगी। इनसान को उसी की भाषा में उसी के तरीके से सबक सिखाने का समय आ गया है!" यह कहकर वह मुझे देखने लगा।

"परंतु आप हैं कौन?" मुझे अपने प्रश्न का पूरा उत्तर नहीं मिला था।

"मैं वह हूँ, जिसका उल्लेख पुराणों और धर्मग्रंथों में किया गया है," वह बोला।

पुराणों में उल्लेख, देवदत्त नाम का सफेद घोड़ा, इनसानों को सबक! मेरा माथा ठनका परंतु मैं चुप रहा। उसने मेरे मन में संदेह पैदा किया था, इसलिए वही उसकी पुष्टि भी कर सकता था।

वह रुककर बोला, "आपका अनुमान सही है। मैं विष्णु का दसवाँ अवतार हूँ—कल्कि!"

मुझे लगा, मेरे पैरों के नीचे से जमीन खिसक जाएगी। मेरे मन में आश्चर्य, भय और उत्सुकता के मिले-जुले भाव उठने लगे। कलियुग में पहले भी कई लोग 'कल्कि अवतार' होने का झूठा दावा कर चुके हैं। एक ओर, मैं उसकी कही बातों को सत्य मान लेना चाहता था तो दूसरी ओर, ऐसे छलपूर्ण दावों के बारे में सोचकर मन में संशय भी उठ रहा था। मैं विश्वास और संशय के बीच संघर्ष कर

रहा था कि मैंने ऐसा दृश्य देखा, जो प्राय: पौराणिक कहानियों में ही देखने-सुनने को मिलता है।

वह व्यक्ति, जो स्वयं को विष्णु का दसवाँ अवतार कल्कि बता रहा था, आकार में बड़ा होने लगा। उसके चेहरे के तेज और आभामंडल में वृद्धि हो रही थी, फिर सहसा उसने हाथ उठाया तो हवा में से एक अजीब-सा शस्त्र प्रकट हो गया। मुझे उस शस्त्र के आगेवाले हिस्से की आकृति जानी-पहचानी लगी। मैंने दिमाग पर जोर डाला तो मुझे याद आया कि मैंने वह आकृति कुछ समय पहले अखबार में देखी थी। मैं घबराहट और उत्तेजना के मारे पसीने से लथपथ हो गया।

मैं जिन दिनों रियाध में था तो अखबार में म्यूटा वायरस के चित्र प्राय: छपते रहते थे। मैंने देखा कि कल्कि के हाथ में मौजूद शस्त्र का आगेवाला भाग म्यूटा वायरस जैसा था! उसी वायरस से नीलिमा की मृत्यु हुई थी। कल्कि के शस्त्र की आकृति देखकर मुझे नीलिमा की याद आ गई और मेरा मन दु:खी हो गया।

इसी बीच घोड़े की टाप ने मेरा ध्यान भंग कर दिया। मैंने देखा कि बीहड़ में से एक बहुत सुंदर सफेद घोड़ा बाहर दौड़ा चला आ रहा था। तभी कल्कि अपने सामान्य रूप में लौट आए थे। घोड़े के निकट आते ही कल्कि ने छलाँग लगाई और उस पर सवार हो गए। मैंने घोड़े को ध्यान से देखा। उसका रूप कल्कि की तरह दिव्य और आकर्षक था। उसकी लंबी, सुंदर गर्दन थी और उस पर रेशमी अयाल लहरा रहे थे। उसकी आँखें नीली थीं। मैंने ऐसा आकर्षक और शक्तिशाली घोड़ा फिल्मों में भी नहीं देखा था। मुझे अब कोई संदेह नहीं रहा कि मेरे सामने कोई सामान्य मनुष्य नहीं, बल्कि साक्षात् ईश्वर का अवतार कल्कि खड़ा था। मेरी घबराहट कुछ कम हो गई थी।

मैंने कहा, "क्या मैं जान सकता हूँ कि आपने दुनिया के करोड़ों लोगों में से मुझे ही अपनी पहचान क्यों बताई?"

कल्कि ने सोचकर कहा, "मैं इनसान को पहचानने में गलती नहीं करता! मैंने कई वर्षों से अपनी पहचान छिपा रखी है। फिर मैंने तुम्हें देखा। तुमने मुझ अनजान की जान बचाने की कोशिश की और स्वयं खतरा उठाकर बीहड़ तक आ गए। तुमने निस्स्वार्थ भाव से अपनी नेकी का परिचय दिया। मुझे ऐसे लोग पसंद हैं। एक और कारण से मैंने तुम्हें इस काम के लिए चुना है। लेकिन वह कारण समय आने पर बताऊँगा।"

"मुझे खुशी हुई कि आपने मुझे विश्वास के योग्य समझा," मैंने मुसकराते

हुए कहा। "हालाँकि सच यह है कि मैं इस खतरनाक बीहड़ तक इसलिए आया था क्योंकि मुझे मौत से डर नहीं लगता। आपको बचाते समय मेरी जान भी चली जाती तो मेरे लिए रोनेवाला कोई नहीं है। मेरी एक बेटी थी लेकिन सऊदी में फैली जानलेवा बीमारी ने उसकी जान ले ली।" मैं यह कहते हुए भावुक हो गया। यह एक तरह से मेरे उस प्रश्न की भूमिका थी, जो मुझे बहुत समय से बेचैन किए हुए था। हालाँकि मैंने यह नहीं सोचा था कि मेरे उस सवाल का जवाब देने के लिए स्वयं ईश्वर का अवतार मेरे सामने उपस्थित हो जाएगा।

कल्कि मेरी बात ध्यान से सुन रहे थे।

वह अचानक बोले, "म्यूटा वायरस मैंने बनाया था!"

"क्या? यह कैसे हो सकता है?" मुझे विश्वास नहीं हुआ।

"यह सच है," कल्कि ने कहा। "इनसान धरती पर अधिकार चाहता है। उसका व्यवहार राक्षसों जैसे हो चुका है। परंतु 'कलि' राक्षस से शुरू हुआ कलियुग अपने अंत की ओर तेजी से बढ़ रहा है। मैं कलि का अंत करने ही धरती पर आया हूँ। पुराणों में भी मेरे आगमन के विषय में लिखा है। ग्रंथों में मुझे तलवार के साथ दिखाया गया है। जिस समय मेरे विषय में लिखा गया था, तब यह कोई नहीं जानता था कि आनेवाले समय में इनसान बंदूकें, राइफलें और परमाणु बम जैसे हथियार बना लेगा, जो एक झटके में लाखों लोगों की जान ले लेंगे। यही कारण है कि मेरा काम भी अब तलवार से नहीं चलता! इनसान को सबक सिखाने के लिए मुझे उसी की भाषा में बात करनी होगी। इसलिए मुझे भी विवश होकर रासायनिक व जैविक हथियारों का इस्तेमाल करना पड़ रहा है। मैंने लगभग सौ साल पहले भी सन् 1918 में अपनी शक्ति की एक झलक दिखाई थी। उस समय मैंने 'एस1-एन1' नाम का वायरस तैयार करके मानव समाज को सबक सिखाने का प्रयास किया था। उसे बाद में 'स्पेनिश फीवर' का नाम दिया गया।"

"स्पेनिश फीवर का घातक वायरस आपने बनाया था?" मुझे विश्वास नहीं हुआ।

"हाँ," कल्कि ने उत्तर दिया। "मेरा अनुमान था कि इनसान इस संकेत को समझेगा और संसार में चल रहा विध्वंस थम जाएगा। लेकिन खुद को जरूरत से ज्यादा अक्लमंद समझनेवाला मनुष्य वास्तव में मूर्ख है! उसने पिछली महामारी से कुछ नहीं सीखा, इसलिए मुझे एक बार फिर सबक सिखाने के लिए आना पड़ा। मैंने 'मर्ड' का वायरस बहुत छोटे स्तर पर बनाया था ताकि इनसान को

एक शताब्दी पहले की घटना याद आ जाए और वह सँभल जाए। परंतु स्थिति में अब भी सुधार नहीं हुआ तो इसका परिणाम बहुत घातक होगा।"

कल्कि की इस बात ने मेरे होश उड़ा दिए। *यदि सौ साल पहले भी कल्कि मौजूद था तो इसकी आयु कितनी होगी?*

"मेरी आयु लगभग 115 वर्ष है!" कल्कि ने मेरे दिमाग में उठा प्रश्न पढ़ लिया था। लेकिन उनके चेहरे का तेज और शरीर का गठाव देखकर कोई नहीं कह सकता था कि उनकी उम्र इतनी अधिक होगी। मुझे अपने सवाल का उत्तर मिलने लगा था। फिर भी, कुछ और बातें थीं, जो मैं जानना चाहता था।

मैंने कल्कि से कहा, "आप कहते हैं तो मैं मान लेता हूँ कि मर्ड और स्पेनिश फीवर के वायरस आपने बनाए थे। लेकिन दूसरों की गलती की सजा मेरी नीलिमा को…" मैं बात पूरी नहीं कर पाया और मेरी आँखों से आँसू बहने लगे।

कल्कि ने मुझे टोका, "गौरव, तुम कुछ और जानना चाहो तो कल फिर आ सकते हो।"

"जरा सुनिए…" मैंने इतना ही कहा था, किंतु कल्कि तब तक देवदत्त पर सवार होकर बीहड़ में जा चुके थे। मैं घर लौट आया।

मेरे लिए यह अविश्वसनीय अनुभव था। भगवान् के दसवें अवतार कल्कि से मुलाकात होना निश्चित तौर पर एक अलौकिक घटना थी। मुझे कल्कि से कई और सवाल पूछने थे। किसी एक की गलती की सजा दूसरे को क्यों मिलती है? मुझे यह भी जानना है कि वायरस 'बनाने' से कल्कि का क्या आशय था? मुझे यह भी जानना था कि कल्कि ने इस काम के लिए मुझे क्यों चुना?

□

6

28 मई, 2013, संभल

व्यक्ति का अंत निकट हो तो सबसे पहले विवेक उसका साथ छोड़ता है। मुझे लगता है कि इनसान का अंत भी निकट है, इसलिए उसकी बुद्धि भ्रष्ट हो गई है। उसने एक शताब्दी पहले मिले सबक से कुछ नहीं सीखा।

कल्कि से मिलकर कुछ सवालों का जवाब मिला तो कुछ नए प्रश्न भी पैदा हो गए थे। मैंने कल्कि से मिलने और इन सवालों का जवाब जानने का फैसला कर लिया।

एक दिन मैं शाम को लौटते समय फिर बीहड़ के निकट पहुँच गया। मैंने आसपास देखा, लेकिन मुझे कोई नजर नहीं आया। कुछ देर बाद मैंने लौट जाने का विचार किया, लेकिन कल्कि से मिलने की बहुत इच्छा थी। मुझे कल्कि को नाम से बुलाना उचित नहीं लगा तो मैंने उन्हें पुकारा, "प्रभु, मैं आ गया हूँ। आप कहाँ हैं?"

मेरी आवाज गूँजी और बीहड़ में चली गई। अगले ही क्षण मुझे घोड़े की टाप सुनाई देने लगी। मुझे बीहड़ के भीतर से देवदत्त पर सवार कल्कि आते दिख चुके थे। सच है, ईश्वर को सच्चे मन से याद करो तो वे तुरंत अपने होने का एहसास करवा देते हैं। मन में इच्छा होनी चाहिए! यूँ तो ईश्वर से प्रश्न पूछना धृष्टता है, लेकिन कल्कि ने ही मुझे इसकी अनुमति दी थी। मैं किसी भी तरह इस अवसर को खोना नहीं चाहता था। कल्कि के चेहरे पर मुसकराहट और उत्सुकता देखकर मुझे खुशी हुई। उन्हें भी शायद मेरी प्रतीक्षा थी।

मैंने धीरे से कहा, "आशा है कि आप मेरे प्रश्न से नाराज नहीं हैं। दरअसल, कुछ सवाल ऐसे होते हैं, जिनका जवाब केवल भगवान् के पास होता है, इसलिए…"

कल्कि ने हँसते हुए मेरी बात काट दी, "तुम इतनी औपचारिकता कब से करने लगे? मुझे नेक लोगों की मदद करने में कष्ट नहीं होता। धरती पर नेक इनसान कम रह गए हैं। तुम क्या पूछना चाहते हो?"

"मेरे दो मुख्य प्रश्न हैं," मैंने कहा। "हो सकता है, आपको मेरे प्रश्न उचित

न लगें। उम्मीद है, आप मेरी गलतियों के लिए मुझे क्षमा कर देंगे।" कल्कि के बारे में जानकर उनके प्रति मेरे मन में आदर के साथ डर भी पैदा हो गया था।

कल्कि फिर मुसकराए और बोले, "गौरव, तुम अब भी शायद मुझसे डरते हो। मैं कह चुका हूँ कि तुम्हें मुझसे घबराने की जरूरत नहीं है। चलो, मैं अपनी मित्र-सूची में तुम्हें शामिल कर लेता हूँ। अब ठीक है ?"

मुझे अपने कानों पर विश्वास नहीं हुआ। कल्कि को मनुष्य जाति से घृणा थी। बावजूद इसके, कल्कि ने मुझे अपना मित्र बना लिया।

"प्रश्न पूछो, गौरव!" कल्कि ने कहा।

मैं कुछ पल सोचता रहा, फिर मैंने कहा, "प्रभु! आपने जिस बीमारी का वायरस बनाया था, उससे तो कोई भी प्रभावित हो सकता था। यह जरूरी नहीं कि जो विध्वंसकारी हथियार और बम बनाते हैं या जंगलों को काटते हैं, जानवरों को मारते हैं, वही लोग आपकी बनाई बीमारी की चपेट में आएँगे। बल्कि, सच यह है कि प्रकृति को नुकसान पहुँचानेवाले लोगों की संख्या कम है जबकि आपकी दी हुई सजा का शिकार होनेवाले अधिकतर लोग निर्दोष थे। मेरी बेटी नीलिमा को ही लीजिए! उस बेचारी ने कोई ऐसा गलत काम नहीं किया था, जिसकी उसे सजा मिली। उस सजा की पीड़ा मैं आज तक भोग रहा हूँ। आपने अवतार के रूप में जन्म लिया है और आपका उद्‌देश्य बुराई का अंत करना है। परंतु निर्दोष लोगों की जान लेने का क्या औचित्य हुआ ? मैं यही जानना चाहता हूँ कि कुछ लोगों के अपराध की सजा पूरी मनुष्य जाति को क्यों ?" मैं इतना कहकर चुप हो गया।

मुझे बाद में पता लगा कि मैं भावुकता में जरूरत से ज्यादा बोल गया था। तीर कमान से निकल चुका था। मुझे कल्कि के उत्तर की प्रतीक्षा थी।

कल्कि ने सोचकर कहा, "गौरव, लगभग हर युग में इनसान के मन में यह प्रश्न उठता है। परिस्थितियाँ बदलती हैं तो उसी के अनुरूप मेरा जवाब भी बदलता है। यह सच है कि महामारी और अन्य आपदाओं में बहुत से निर्दोष मारे जाते हैं। यह भी सत्य है कि गलत कार्यों में लिप्त और प्रकृति को नुकसान पहुँचाने वाले प्रत्येक व्यक्ति को उसके किए का दंड नहीं मिल पाता। परंतु इसका भी एक कारण है।"

"कैसा कारण ?" मैंने पूछा, "यही तो मुझे जानना है।"

कल्कि ने लंबी साँस ली और उत्तर आरंभ किया। वह बोले, "तुम आज से सौ साल पहले मुझसे यह प्रश्न करते तो मैं तुम्हें धर्म-अधर्म और कर्म के सिद्धांतों के जरिए समझाता लेकिन अब समय बदल चुका है। आज का युग

वैज्ञानिक युग है। इसलिए वही बात मैं तुम्हें वैज्ञानिक दृष्टिकोण से बताऊँगा। प्रकृति ने इनसानों के लिए धरती पर जितना समय निश्चित किया था, वह पूरा हो चुका है। क्या तुम भूगर्भीय समय, यानी 'जिओलॉजिकल टाइम' के बारे में जानते हो?"

"नहीं," मैंने कहा, "मैंने यह शब्द पहली बार सुना है।"

कल्कि ने कहा, "मैं बताता हूँ। धरती पर जब से जीवन शुरू हुआ है, तब से लेकर आज तक वैज्ञानिकों ने समय को अनेक विशाल कालखंडों में बाँटा है। फिर इन्हें और छोटे-छोटे हिस्सों में विभाजित किया गया। इन्हें अंग्रेजी में 'एरा' कहते हैं। प्रत्येक एरा में अनेक प्रजातियाँ जन्म लेती हैं और फिर विलुप्त हो जाती हैं। यह प्रकृति का नियम है कि जब किसी प्रजाति का पृथ्वी पर समय पूरा हो जाता है तो प्रकृति स्वयं कुछ ऐसा करती है कि उस प्रजाति के सभी प्राणी मारे जाते हैं और वह प्रजाति लुप्त हो जाती है। इसे विज्ञान की भाषा में 'एक्सटिंक्शन' कहते हैं। धरती पर इनसान से पहले अनेक विशालकाय प्राणी रह चुके हैं। पृथ्वी पर अब तक का सबसे बड़ा जीव डायनासोर है, लेकिन समय आने पर प्रकृति ने उस विशाल जीव का भी अंत कर दिया। मनुष्य एकमात्र ऐसा प्राणी है, जो अपनी बुद्धि और वैज्ञानिक खोज के दम पर आज भी जीवित है। हालाँकि वह अपनी निश्चित समय-सीमा पूरी कर चुका है। इतना ही नहीं, मनुष्य के गलत कार्यों के चलते अनेक प्रजातियाँ अपने नियत समय से पहले विलुप्त हो रही हैं। डोडो पक्षी, तस्मानियाई बाघ और कई ऐसी प्रजातियाँ हैं, जिन्हें मनुष्य ने जबरदस्ती शिकार करके खत्म कर दिया। इससे प्रकृति का संतुलन बिगड़ा है। मनुष्य की गतिविधियाँ इसी तरह चलती रहीं तो वह और कई प्रजातियों के नाश का कारण बन जाएगा। इसीलिए मुझे धरती पर संतुलन को फिर से स्थापित करने के लिए जरूरी कदम उठाने पड़ेंगे।"

"यह तो सचमुच आश्चर्य की बात है!" मैंने कहा।

कल्कि ने हामी भरी। फिर वे बोले, "तुमने सुना होगा कि मुझसे पहले के अवतारों ने केवल बुरे लोगों एवं राक्षसों का संहार किया और अच्छे लोगों को बचाया। कुछ ने धर्म के प्रचार के लिए उपदेश दिए। परंतु मैं, भगवान् विष्णु का दसवाँ अवतार कल्कि, अन्य अवतारों से भिन्न हूँ। मैं यहाँ उपदेश देने नहीं, बल्कि संतुलन और व्यवस्था स्थापित करने आया हूँ। मनुष्य का दंड भोगने का समय निकट है। करोड़ों वर्षों से यह होता आया है कि अलग-अलग प्रजातियाँ अपने समय पर विलुप्त हुई हैं। परंतु उनका लोप, सजा के तौर पर नहीं हुआ।

आज तक किसी प्रजाति ने प्रकृति से खिलवाड़ नहीं किया। केवल मनुष्य, ऐसा प्राणी है, जो हर कदम पर प्रकृति से टक्कर लेने का दुस्साहस करता है। उसे समझना होगा कि वह प्रकृति के खिलाफ कुछ देर टिक सकता है, लेकिन अंत में उसकी हार होगी। पृथ्वी पर अनेक महामारियाँ और प्राकृतिक आपदाएँ आएँगी। लाखों बेगुनाह इनसान मारे जाएँगे। यह नहीं होना चाहिए, लेकिन यह हो रहा है और आगे भी होता रहेगा। मुझे पृथ्वी पर संतुलन स्थापित करना है, जिसे तुम 'इकोलॉजिकल बैलेंस' कहते हो। मैं यह बैलेंस बनाकर रहूँगा!"

कल्कि चुप हो गए। मैं कुछ बोलने की स्थिति में नहीं था। फिर उन्होंने कहा, "आशा है, तुम्हें अपने प्रश्न का उत्तर मिल गया होगा।"

मैं समझ चुका था कि महामारियों और आपदाओं में बेगुनाह लोग क्यों मारे जाते हैं। मैं जिसे भगवान् का दंड समझता था, वह दरअसल प्रकृति द्वारा संतुलन स्थापित करने का तरीका था।

मैंने कहा, "जी···जी! मुझे मेरा जवाब मिल गया। मुझे पता नहीं था कि धरती पर सबका समय निश्चित है और मनुष्य का नियत समय पूरा हो चुका है। मुझे विश्वास हो गया है कि भगवान् जो करता है, अच्छा ही करता है। क्या मैं आपसे एक आखिरी सवाल पूछ सकता हूँ?"

"जरूर!" कल्कि को लौटने की जल्दी नहीं थी।

"क्या आप बता सकते हैं कि वायरस 'बनाने' से आपका क्या आशय था?"

"यह विज्ञान का करिश्मा है, दोस्त!" कल्कि बोले।

"विज्ञान?" मैं चौंक गया। "आपको विज्ञान की भी जानकारी है?"

"क्यों नहीं!" कल्कि ने मुसकराकर कहा, "यदि मनुष्य विज्ञान का प्रयोग कर सकता है तो मनुष्य को बनानेवाला भगवान् क्या नहीं कर सकता! मेरे पास बेहतरीन रासायनिक हथियार हैं, जो मनुष्य के बनाए किसी भी अन्य हथियार से कई गुना शक्तिशाली और अचूक हैं। अंतर केवल इतना है कि मनुष्य ने विज्ञान का प्रयोग भलाई से अधिक नुकसान के लिए किया है। इसलिए मैंने विज्ञान के इस्तेमाल से मनुष्य को सबक सिखाने का कार्य हाथ में लिया है। मनुष्य ने प्रकृति के संतुलन की धज्जियाँ उड़ा दी हैं। इस ग्रह पर प्राणियों के जीवन की सुरक्षा के लिए संतुलन को फिर से कायम करना बहुत जरूरी हो गया है।"

"आपने वह वायरस बनाया कैसे?" मेरी जिज्ञासा बढ़ती जा रही थी।

"गौरव, मैं तुम्हारी उत्सुकता समझ सकता हूँ, परंतु यह दिव्य और गोपनीय

जानकारी है। मैं तुम्हें इसके बारे में नहीं बता सकता।"

"ठीक है," मैंने कहा। "क्या आप मुझे संक्षेप में इसका सार समझा सकते हैं?"

कल्कि सिर हिलाते हुए बोले, "इस धरती को बनानेवाला ईश्वर, ब्रह्मांड का सबसे कुशल वैज्ञानिक है। तुमने 'जेनेटिक कोड' के बारे में सुना होगा। हर प्राणी में एक विशिष्ट और अलग तरह का कोड होता है। इस कोड में उस प्राणी से जुड़ी प्रत्येक जानकारी दर्ज होती है और यह कोड, शरीर की प्रत्येक कोशिका में 'डी.एन.ए.' के रूप में मौजूद होता है। इससे पता लगाया जा सकता है कि वह जीव अपनी प्रजाति के बाकी प्राणियों की तुलना में कमजोर होगा या शक्तिशाली। उसका आकार और उसकी आँखों का रंग कैसा होगा या उसका लिंग क्या होगा। मैं अपने वैज्ञानिक यंत्रों की मदद से हर प्राणी का जेनेटिक कोड न केवल पढ़ सकता हूँ, बल्कि उसे बदल भी सकता हूँ! मैंने इसी तकनीक का इस्तेमाल करके म्यूटा वायरस की एक प्रजाति के डी.एन.ए. में कुछ परिवर्तन कर दिए थे, जिससे वह मनुष्य के श्वसन तंत्र (रेस्पिरेटरी सिस्टम) को नुकसान पहुँचा सकता है।"

"आपने इसका नाम म्यूटा वायरस क्यों रखा?" मैंने बीच में पूछा।

"यह वायरस अपना रूप बदल सकता है, जिसे विज्ञान की भाषा में 'म्यूटेशन' कहते हैं। उसी आधार पर मैंने इसका नाम 'म्यूटा वायरस' रखा है। मैंने पाया कि यह वायरस, चमगादड़ के शरीर में सबसे जल्दी फैलता है और मनुष्य के लिए भी घातक सिद्ध हो सकता है। फिर मैंने इसे चमगादड़ के शरीर में रहने लायक बना दिया। बस, मेरा काम खत्म हो गया।"

"परंतु यह वायरस चमगादड़ से मनुष्यों तक कैसे पहुँच गया?" मैंने पूछा।

"प्रकृति अपना रास्ता स्वयं बना लेती है," कल्कि ने कहा। "यह वायरस पहले चमगादड़ों में फैला और फिर यह 'म्यूटेशन' के जरिए चमगादड़ से ऊँट के शरीर में पहुँच गया। यहीं से 'कैमल फीवर' की शुरुआत हुई थी।"

मैं हक्का-बक्का खड़ा कल्कि को देख रहा था, "और फिर ऊँट से इनसान में?" मैंने अनुमान लगाया।

"हाँ। इसी तरह अपना रूप बदलते-बदलते यह वायरस चमगादड़ से ऊँट में और फिर इनसान में आ गया।" कल्कि ने 'कैमल फीवर' का रहस्य खोल दिया था। "इस तरह मर्ड की बीमारी इनसान तक पहुँची। उसके बाद जो हुआ, वह तुम जानते हो। कुछ इसी तरह मैंने विज्ञान का इस्तेमाल एक सदी पहले भी किया था।

उसे लोगों ने 'स्पेनिश फीवर' नाम दे दिया, क्योंकि उस बीमारी की खबर सबसे पहले स्पेन के अखबारों में छपी थी।" यह कहकर कल्कि चुप हो गए।

अँधेरा काफी हो चुका था। मैंने हिम्मत करके पूछा, "आपका इस बीहड़ में और कितने दिन रहने का विचार है?"

"यहाँ आज मेरा अंतिम दिन है," कल्कि ने कहा। "मैं कुछ समय के लिए अपने गुरु परशुराम के पास विज्ञान के नए नियम सीखने जा रहा हूँ। मैं यहाँ केवल तुमसे मिलने के लिए रुका था।"

मैं कुछ कह पाता, इससे पहले देवदत्त आ पहुँचा और कल्कि उस पर सवार हो गए। उन्होंने जाने से पहले कहा, "तुम्हें एक और बात बता दूँ कि मैं एक शताब्दी पहले तुम्हारे दादाजी रमानाथ त्रिवेदी से भी मिला था!"

यह कहकर कल्कि चले गए। मैं कुछ पल स्तब्ध खड़ा रहा और फिर घर चला आया। कल्कि ने मुझे बता दिया था कि उन्हें परशुराम के पास जाना था, फिर भी, मैं लगातार तीन दिनों तक बीहड़ तक जाता रहा, परंतु मुझे कोई नहीं दिखा। यहाँ तक कि मुझे टीया और जिंगू भी दोबारा नजर नहीं आए।

कल्कि के जाने के बाद तीसरे दिन मुझे सहसा अपने दादाजी की एक बात याद आई। उन्होंने मुझे बताया था कि उनके पिता श्री बिंदेश्वरनाथ त्रिवेदी की मृत्यु 'स्पेनिश फीवर' से ही हुई थी। कल्कि से मिलने के बाद बहुत सी घटनाओं के तार आपस में जुड़ने लगे थे।

□

7

22 फरवरी, 2020, संभल

नीलिमा को गए सात वर्ष से अधिक बीत चुके हैं। लगभग इतना ही समय मुझे कल्कि से मिले भी हो गया है। कल्कि से मिलकर जीवन में छाई नीरसता कम हो गई थी। मैंने एक साल बाद, यानी 2014 में फिर से विवाह कर लिया। मेरी पत्नी का नाम गरिमा है और हमारा तीन साल का एक प्यारा-सा बेटा है, जिसका नाम राहुल है। गरिमा और राहुल ने अतीत के दुःख भुलाने में मेरी बहुत सहायता की है। कल्कि के बारे में सोचता हूँ तो लगता है, वह कोई सपना था। मैं बाद में भी बीहड़ के पास कई बार गया, लेकिन मुझे वहाँ कोई नहीं मिला।

इतने वर्षों के बाद कल्कि की याद इसलिए आ गई, क्योंकि मैंने आज ही अखबार में एक परिचित शब्द पढ़ा—म्यूटा वायरस! अखबार में लिखा था—यह वायरस बड़ी तेजी से फैल रहा है। सन् 2020 में म्यूटा वायरस से होनेवाली इस बीमारी को वैज्ञानिकों ने म्यूटा वायरस डिसीज-2020 (म्यूविड-20) नाम दिया है। कल्कि ने मुझे जब अपना दिव्य रूप दिखाया था तो मैंने उनके हाथ में एक शस्त्र देखा था। उसकी आकृति मुझे आज भी अच्छी तरह याद है। मैंने अखबार में म्यूटा वायरस का जो चित्र देखा, वह बिल्कुल कल्कि के उस शस्त्र जैसा है!

मैंने इन दोनों बातों को जोड़ा और विचार किया तो मुझे लगा कि हो न हो, इनसान को उसकी गलतियों की सजा देने कल्कि फिर एक बार आ गए हैं। मर्ड ने मेरी बेटी की भी जान ली थी और मैं उसका नाम सुनकर ही काँप उठता हूँ, लेकिन सच्चाई यह है कि स्पेनिश फीवर की तुलना में मर्ड से हुआ नुकसान कुछ भी नहीं था। मर्ड के समय मृत्यु दर बहुत ज्यादा थी। लेकिन इससे संक्रमित होकर मरनेवालों की संख्या, स्पेनिश फीवर में मारे गए लोगों की तुलना में बहुत कम थी।

इस बात से इनकार नहीं किया जा सकता कि इन बीते वर्षों में मनुष्य की आदतों में जरा भी सुधार नहीं हुआ है, बल्कि उसकी हिंसात्मक व विनाशकारी गतिविधियाँ पहले से और बढ़ी हैं। मैंने अखबार में पढ़ा कि म्यूविड-20 की यह

बीमारी एक इनसान से दूसरे में बहुत तेजी से फैल रही है और देखते-ही-देखते यह दुनिया के बहुत से देशों तक पहुँच गई है। दुनिया भर में इसके हजारों मरीज हो चुके हैं। यह एक बड़ा आँकड़ा है। अखबार में संक्रमण वाले इलाकों की जो तसवीरें छपी हैं, वे किसी को भी विचलित कर सकती हैं।

मैंने इस बारे में अधिक जानने के लिए इंटरनेट खोला तो पाया कि म्यूटा वायरस की यह नई प्रजाति भी पहलेवाले म्यूटा वायरस जैसी है। लेकिन यह हाल ही में विकसित हुई है, इसलिए इसे नोवल (नया) म्यूटा वायरस कहा जा रहा है। सुनने में आया है कि यूरोपियाई देश इससे सबसे ज्यादा प्रभावित हुए हैं। हालाँकि इसके फैलने की रफ्तार दूसरे देशों में भी तेज है, इसलिए यह कहना कठिन है कि यह आनेवाले दिनों में कहाँ और कितना फैल जाएगा। मुझे याद है कि मर्ड रोग भी सऊदी अरब से शुरू होकर सबसे पहले यूरोप पहुँचा था। स्पेनिश फीवर ने भी यूरोप में सबसे ज्यादा लोगों की जानें ली थीं। दोनों विश्व युद्ध में भी अधिकतम नुकसान यूरोप के देशों का हुआ। यदि आपदाओं और महामारियों का सबसे बड़ा शिकार यूरोप है तो वहाँ के देशों को मिलकर विचार करना चाहिए कि ऐसा क्यों होता है। क्या उनसे कोई भूल हो रही है, जिसका उन्हें हर बार भारी मूल्य चुकाना पड़ता है?

वैज्ञानिकों के अनुसार, नोवल म्यूटा वायरस भी चमगादड़ से शुरू हुआ है। यह वायरस पहलेवाले वायरस की भाँति 'म्यूटेशन' के जरिए एक से दूसरी प्रजाति में फैलता हुआ इनसान तक पहुँचा है। वैज्ञानिक इसे अपनी भाषा में 'स्पीशीज जंपिंग' कहते हैं। यह नया वायरस मनुष्य के श्वसन-तंत्र पर हमला करता है। इसकी मृत्यु दर केवल तीन प्रतिशत है, लेकिन इसके फैलने की रफ्तार बहुत तेज है। इस वायरस से सबसे ज्यादा खतरा बूढ़ों और बच्चों को है क्योंकि इन दोनों वर्गों में बीमारी से लड़ने की क्षमता (इम्यूनिटी) कम होती है।

टी.वी. पर यह खबर भी है कि कई जगहों पर लोग सड़क पर चलते-चलते गिर जाते हैं और अस्पताल पहुँचने से पहले ही उनकी मृत्यु हो जाती है। हर देश के अस्पताल इस बीमारी के मरीजों से भरे पड़े हैं और स्थिति इतनी खतरनाक हो चुकी है कि डॉक्टर भी इससे प्रभावित होने लगे हैं। दुनिया भर में हजारों की संख्या में लोगों को 'क्वारंटाइन' करना पड़ा है, यानी उन्हें अलग एक कमरे में बंद रखा जाता है। उनके खाने-पीने और रहने की सारी व्यवस्था उसी एक कमरे में होती है। उनसे कोई न मिल सकता है और न बात कर सकता है। एक कमरे में कई दिनों तक कैद रहना भी किसी सजा से कम नहीं है।

हर संभव प्रयास के बावजूद मौत का यह वायरस खत्म होने का नाम नहीं

ले रहा। दुनिया एक बार फिर महामारी की चपेट में है और इनसान लाचार नजर आ रहा है। इलाज के लिए अस्पतालों में बिस्तर कम पड़ गए हैं। इस बीमारी की दवाई तो वैज्ञानिकों और डॉक्टरों के लिए अभी सपना ही है।

म्यूविड-20 का कहर बढ़ता जा रहा है। कई देशों में तानाशाही है। वहाँ से ऐसी खबरें सुनने को मिल रही हैं कि किसी रोगी का पता लगते ही उसे मार दिया जाता है, जिससे वह दूसरों को संक्रमित न कर सके। यह मानवता के नाम पर होनेवाले अनेक अपराधों में से एक है। आशा है, कल्कि यह देख रहे होंगे! बहुत से देशों में बड़े मैदानों की तलाश चल रही है क्योंकि उन्हें पता है कि जल्द ही वह समय आ जाएगा, जब इस बीमारी से इतने लोगों की मृत्यु हो जाएगी कि उनका अंतिम संस्कार करने के लिए मौजूदा श्मशान और कब्रिस्तान कम पड़ जाएँगे।

इस घातक वायरस से प्रभावित अनेक देशों से सैकड़ों किलोमीटर दूर मैं अपने छोटे-से गाँव संभल में यह सब सोचता हूँ तो मुझे उन निर्दोष लोगों पर तरस आता है, जो इस बीमारी का शिकार हो गए हैं। एक परिवार के सदस्य में इस बीमारी के लक्षण दिखाई देने पर उसे कुछ दिन अस्पताल में रखा गया। वह जब ठीक होकर घर लौटा तो उसे पता लगा कि अस्पताल जाने से पहले वह घर के और कई लोगों को संक्रमित कर गया था और उनमें से एक वृद्ध की तो मृत्यु भी हो गई! दुनिया में ऐसे हजारों लोग हैं, जिन्होंने इस बीमारी में अपने परिवार के कई सदस्यों को खो दिया है।

कुछ देशों में यह रोग अपने चरम पर है। पता नहीं, आगे और क्या कुछ होना बाकी है। बड़े-बड़े देश, जो विज्ञान, तकनीक और सुविधाओं के संदर्भ में बेताज बादशाह समझे जाते थे, उन्हें एक नन्हे से अदृश्य वायरस ने अपनी ताकत से बेबस कर दिया। यह सोचकर दिल दहल जाता है कि जब उन विकसित देशों का यह हाल है तो इस वायरस ने भारत जैसे अति-जनसंख्या वाले देश पर यदि धावा बोल दिया तो यहाँ कैसे हालात हो जाएँगे! मैं सऊदी जैसे दृश्य अपने देश में बिल्कुल नहीं देखना चाहूँगा। लेकिन प्रश्न यह है कि इस दुनिया को चलाने वाले की नजर में मेरी इच्छा की क्या कीमत है?

सात साल पहले, कल्कि परशुराम के पास गए थे। मेरा अनुमान है कि उन्होंने ही कोई नई वैज्ञानिक विधि द्वारा यह वायरस बनाया होगा।

□

8

2 मार्च, 2020, संभल

आखिर वही हुआ, जिसका डर था। भारत इस बीमारी से अब अछूता नहीं है। यहाँ भी इसकी शुरुआत हो चुकी है। लेकिन म्यूविड-20 की सबसे बुरी मार इटली में देखने को मिली है। वहाँ हर दिन सैकड़ों लोग मर रहे हैं। अखबारों और टी.वी. से मिल रही खबरों से पता लगता है कि किसी-किसी देश में, वायरस की पकड़ ढीली पड़ रही है। मुझे इसमें संदेह है क्योंकि मैं जानता हूँ कि कल्कि का शुरू किया कार्य अधूरा या कमजोर नहीं हो सकता। खबरें आँकड़ों से बनती हैं और आँकड़ों के साथ छेड़छाड़ करना या उन्हें बदलना मुश्किल नहीं होता! सभी देश, भीतर और बाहर अपनी छवि को बेहतर दिखाने के लिए तरह-तरह की झूठी-सच्ची कोशिश कर रहे हैं। कई जगह स्थिति नियंत्रित है तो कहीं बीमारी के नियंत्रण में होने का केवल दावा किया जा रहा है। भगवान् ही जानें, वास्तविक स्थिति कहाँ पर कैसी है।

लोग इस वायरस के फैलने के लिए कभी किसी तो कभी किसी अन्य देश को दोषी बताते हैं। सबकी अपनी-अपनी राय है, हालाँकि बीमारी बहुत बुरी फैल चुकी है और इसके स्रोत पर झगड़ने का शायद यह सही वक्त नहीं है। इस समय आपस में लड़ने के बजाय सबको इस बीमारी से लड़ने पर ध्यान देना चाहिए। खैर, क्या होना चाहिए और क्या नहीं, इसका फैसला मौजूदा परिस्थितियों में करना संभव नहीं है। सब जानते हैं कि जो होना है, वह तो होकर ही रहेगा।

कल्कि का विचार बार-बार मन में लौट आता है। मुझे विश्वास है कि प्रकृति मनुष्य की मनमानी गतिविधियों से क्षुब्ध है और मैं प्रकृति से प्रेम करनेवाले तथा दुनिया के सबसे कुशल वैज्ञानिक एवं उसकी असीमित क्षमताओं से परिचित हूँ। मुझे कल्कि की याद आई तो मैंने फिर से बीहड़ की तरफ जाने का निश्चय किया। हालाँकि मुझे मन में पता है कि कल्कि के मिलने की कोई संभावना नहीं

है लेकिन कोई बात मन में बार-बार उठे तो उस पर एक बार अवश्य विचार कर लेना चाहिए।

~

हम सबके साथ कई बार ऐसी घटनाएँ होती हैं, जिन पर हमें खुद विश्वास नहीं होता। मेरे साथ भी कुछ ऐसा ही हुआ। मैं काफी समय के बाद बीहड़ में पहुँच गया, लेकिन वहाँ कोई नहीं था। मैं थोड़ा आगे गया और मैंने आवाज दी, "प्रभु, मैं गौरव हूँ। आप कहाँ हैं?"

मुझे याद है कि पिछली बार जब मैं कल्कि से मिलने आया था तो वह मेरी आवाज सुनते ही बीहड़ से बाहर निकलकर मुझसे मिलने आ गए थे। लेकिन इस बार ऐसा नहीं हुआ। मैंने कल्कि को कई बार पुकारा, पर कोई नजर नहीं आया। मैं निराश होकर वापस जाने लगा।

मैं ज्यों ही मुड़ा, मुझे घोड़े की टाप सुनाई दी।

मैंने प्रसन्नता से बीहड़ की ओर देखा तो अंदर से एक घुड़सवार आता नजर आया। मैंने ध्यान से देखा तो मुझे उसका चेहरा जाना-पहचाना-सा लगा। वह थोड़ा और निकट आया तो मैं उसे पहचान गया। वे कोई और नहीं, स्वयं भगवान् कल्कि थे! वही कद-काठी, वही पहलेवाला सम्मोहक तेज और वही पुराना दिव्य एहसास।

"मैं आपके दर्शन से धन्य हुआ!" मैंने प्रसन्नता से कहा, "लेकिन आप यहाँ कैसे?"

"तुमने मुझे याद किया तो मुझे आना पड़ा," कल्कि ने अपने मनमोहक अंदाज में जवाब दिया। "वैसे, मैं पिछले कई महीनों से यहीं हूँ।"

मुझे यह सुनकर अच्छा लगा कि कल्कि को मुझसे लगाव हो गया था। मैंने कहा, "भगवन्! दुनिया भर में म्यूविड-20 नाम की एक नई बीमारी फैल रही है। भारत में भी इसकी शुरुआत हो गई है। क्या इसका वायरस भी आपने ही बनाया है?"

कल्कि ने कहा, "गौरव, तुम्हारा अनुमान बिल्कुल सही है। मर्ड के बाद म्यूविड-20 का वायरस भी मैंने ही तैयार किया है। मैंने अपने गुरु परशुराम से इस पर विस्तार से चर्चा की थी और फिर हमने शोध करके यह वायरस बनाया है। मैंने तुम्हें बताया था कि धरती पर मनुष्य का समय पूरा हो चुका है। लेकिन विज्ञान की मदद से उसने किसी तरह अपने को जीवित रखा है। इतना तो ठीक था, लेकिन

प्राकृतिक संतुलन को बिगाड़ने की अनुमति किसी को नहीं है। मनुष्य के अहंकारी कदम इतना आगे बढ़ चुके हैं कि वह अब 'अर्थ-बुक' को भी रौंदने चला है।"

"अर्थ-बुक ? यह क्या चीज है ?" मैंने यह नाम पहली बार सुना था।

कल्कि बोले, "सुनो, मैं समझाता हूँ। ग्लोबल यूनियन फॉर कंजर्वेशन ऑफ नेचर (जी.यू.सी.एन.) बहुत-सी सरकारी और गैर-सरकारी संस्थाओं से मिलकर बनी एक संस्था है, जो पेड़-पौधों और जीव-जंतुओं के संरक्षण का काम करती है। इस संस्था ने एक सूची तैयार की है, जिसे 'रेड फाइल' कहते हैं। इसमें कई श्रेणियाँ हैं, जैसे 'वलनरेबल या असुरक्षित', 'थ्रेटंड या संकटग्रस्त', 'एंडेंजर्ड या विलुप्तप्राय' आदि। इसके साथ एक श्रेणी 'एक्सटिंक्ट या विलुप्त' की भी है। धरती पर मौजूद हर प्राणी को किसी-न-किसी श्रेणी में रखा गया है। इसी तरह का एक रिकॉर्ड भगवान् के पास भी है। उसे 'अर्थ-बुक' कहते हैं। उसमें दर्ज है कि पृथ्वी पर कौन-सी प्रजाति कब जन्म लेगी और कब विलुप्त हो जाएगी। भगवान् की बनाई यह अर्थ-बुक इनसान की रेड फाइल से कई गुना बड़ी और विस्तृत है। इस सूची में इनसान भी शामिल है!"

"क्या आपने इसी अर्थ-बुक के आधार पर यह कहा था कि मनुष्य का समय बहुत पहले खत्म हो चुका है ?" मैंने बीच में प्रश्न किया।

"हाँ," कल्कि बोले। "मानव प्रजाति शुरू में अर्थ-बुक में दर्ज नियमों के अनुसार चल रही थी। लेकिन धीरे-धीरे मनुष्य ने विज्ञान के क्षेत्र में अपेक्षा से अधिक प्रगति कर ली और वह प्रकृति के साथ खिलवाड़ करने लगा। भगवान् की बनाई अर्थ-बुक के अनुसार, जिन प्रजातियों को जिंदा होना चाहिए था, उन्हें इनसान ने अपने निजी लाभ के लिए समय से पहले समाप्त कर दिया। लेकिन वह स्वयं लुप्त होने की समय-सीमा पार करके अब तक जीवित है। इस कारण कुछ अन्य भावी प्रजातियों की उत्पत्ति में देर हो रही है और धरती पर असंतुलन बढ़ता जा रहा है। यही कारण है कि मैंने म्यूविड-20 को मर्ड के मुकाबले कई गुना अधिक खतरनाक बनाया है। मैं इसके जरिए मानव प्रजाति का कुछ अंश पृथ्वी से मिटा देना चाहता हूँ!" यह कहकर कल्कि चुप हो गए। वे मेरी प्रतिक्रिया देखना चाहते थे।

मुझे अर्थ-बुक के बारे में जानकर बहुत आश्चर्य हुआ। लेकिन इससे मेरे मन में एक नया सवाल भी उठ गया। मैंने कल्कि से पूछा, "ऐसा माना जाता है कि मच्छर और कॉकरोच जैसे जीव-जंतु डायनासोर के समय से ही पृथ्वी पर जिंदा हैं। क्या अर्थ-बुक के अनुसार उनका समय अभी तक पूरा नहीं हुआ ? प्रकृति ने हर प्राणी को बराबर समय क्यों नहीं दिया ?"

मेरा प्रश्न सुनकर कल्कि मुसकराए। वह बोले, "तुम्हारा सवाल बहुत अच्छा है। लेकिन भगवान् और प्रकृति एक नहीं, बल्कि दो अलग शक्तियाँ हैं। प्रकृति के अपने नियम हैं और भगवान् का काम करने का अपना तरीका है। परंतु प्रकृति के नियमों को बदलने का अधिकार भगवान् के पास भी नहीं है। इसलिए प्रकृति ने जिसे जितना समय दिया है, वह तभी तक यहाँ रह सकता है। जहाँ तक मच्छर या अन्य जीव-जंतुओं की बात है, तो प्रकृति के नियमानुसार इनके खत्म होने में अभी कुछ समय बाकी है।"

मैं कल्कि की बात को आत्मसात् करने का प्रयास कर रहा था। बात कठिन थी, लेकिन समझ में आ गई। आठ बज चुके थे और मेरा घर जाने का समय हो रहा था।

मैंने कल्कि से कहा, "प्रभु, मैं यह नियम तो समझ गया, लेकिन म्यूविड…"

कल्कि ने मेरी बात काटते हुए कहा, "गौरव, बाकी बात फिर होगी। मैं अभी कुछ दिन यहीं हूँ। म्यूविड के बारे में जानने के लिए तुम यहाँ दोबारा आ सकते हो।"

मैं मुसकरा दिया। मुझे खुशी थी कि कल्कि से मुलाकातों का दौर जारी रहेगा। मैं कल्कि को प्रणाम करके घर लौट आया। मेरे मन में कई बार इच्छा हुई कि मैं गरिमा को सबकुछ बता दूँ। लेकिन मैंने कल्कि को वचन दिया था कि मैं उनके विषय में किसी से बात नहीं करूँगा। मैंने आज तक किसी इनसान को दिया वचन नहीं तोड़ा तो फिर भगवान् के साथ विश्वासघात करने की तो कल्पना भी मेरे लिए असंभव थी!

□

9

5 मार्च, 2020, संभल

पाँच दिन बाद होली है। म्यूविड को ध्यान में रखते हुए लोग इस साल होली न खेलने की सलाह दे रहे हैं। उनका मानना है कि पानी के साथ वायरस जल्दी और ज्यादा लोगों में फैल सकता है। वहीं कुछ लोगों को लगता है कि देश की करोड़ों की आबादी है और म्यूविड के मामले भी कम हैं तो होली जैसे रंग-बिरंगे त्योहार पर घर में रहना नीरसता लाएगा। मैंने सोचा इस बारे में कल्कि से राय लूँगा। मैं अपने नियत समय पर कल्कि से मिलने बीहड़ में पहुँच गया।

मैंने कल्कि को प्रणाम किया तो वे मुझसे बोले, "गौरव, कैसे हो? उम्मीद करता हूँ, तुम्हें खाँसी या बुखार नहीं है···या साँस लेने में तकलीफ!" यह कहकर कल्कि हँस पड़े।

मुझे पता था कि खाँसी, बुखार और साँस लेने में तकलीफ म्यूविड के लक्षण हैं। मैं जानता था कि कल्कि मजाक कर रहे थे। मैंने भी हँसकर कह दिया, "आपकी कृपा से अभी तो ठीक हूँ।"

फिर वे बोले, "उस दिन तुम कुछ पूछना चाहते थे··बोलो, क्या बात है?"

मैंने कहा, "हालाँकि यह बचकाना प्रश्न है, किंतु क्या इस बार होली खेलना सुरक्षित रहेगा?"

यह सुनकर कल्कि जोर से हँसे और बोले, "इस साल तो सबको होली खेलनी चाहिए। क्या पता, अगले साल मौका मिले या न मिले!" कल्कि ने यह बात भी हँसते हुए कही थी। लेकिन मैं इसे सुनकर डर गया।

मैंने पूछा, "क्या म्यूटा सचमुच इतना घातक है?"

कल्कि एक बार फिर मुसकराए और बोले, "गौरव, यह वायरस मैंने बहुत सोच-समझकर बनाया है। इसकी सबसे बड़ी ताकत इसकी म्यूटेशन की क्षमता है। इनसान इस वायरस को जब तक पूरी तरह समझेगा, उससे पहले यह अपना रूप बदल चुका होगा।"

"परंतु आपने वायरस में यह क्षमता कैसे विकसित की है?" मेरी जिज्ञासा बढ़ने लगी।

"मुझे पता है कि इनसान में जिंदा रहने की इच्छा इतनी तीव्र है कि वह वायरस से बचने की दवा अवश्य बना लेगा। इनसान की इस कोशिश को नाकाम करने के लिए मैंने इसका तोड़ भी विकसित किया है। मैंने इसे 'डी.क्यू.सी.एम.' नाम दिया है, यानी 'ड्रग फॉर क्विक एंड कंटिन्यूअस म्यूटेशन'!"

"इससे क्या होगा?" मैंने पूछा।

"यह एक तरह का रसायन है," कल्कि ने कहा।

मैंने पूछा, "क्या यह वायरस भी 'कैमल फीवर' की तरह इनसानों में किसी जानवर से आया है?"

कल्कि ने कहा, "हाँ! म्यूटा वायरस की शुरुआत पैंगोलिन से हुई थी। यह भूरे रंग का छोटा-सा जानवर होता है। हालाँकि मर्ड वायरस की तरह म्यूटा वायरस भी सबसे पहले चमगादड़ में आया था। मैंने तुम्हें बताया था कि म्यूटा वायरस चमगादड़ में सबसे तेज गति से फैल सकता है। इसलिए इस बार मैंने म्यूटा वायरस की एक प्रजाति में डी.क्यू.सी.एम. भी डाला है। यहाँ मेरा काम खत्म हो गया और हमेशा की तरह आगे का रास्ता प्रकृति ने खुद तय कर लिया।"

"वह कैसे?" मैंने पूछा।

फिर कल्कि ने पूरी बात बताई। वे बोले, "दरअसल, चमगादड़ और पैंगोलिन का आपस में कोई संबंध नहीं है। लेकिन कई बार पैंगोलिन के आहार में चमगादड़ के थूक और मल के कण आ जाते हैं। इस तरह यह वायरस चमगादड़ के मल और थूक के जरिए पैंगोलिन के शरीर में भोजन के साथ पहुँच गया और मेरे बनाए रसायन डी.क्यू.सी.एम. ने इस वायरस को पैंगोलिन प्रजाति में फैला दिया।"

"इस वायरस का असर चमगादड़ पर क्यों नहीं पड़ता?" मैंने प्रश्न किया।

"वह इसलिए कि चमगादड़ का शरीर इस तरह से विकसित हुआ है कि म्यूटा वायरस उन पर असर नहीं करता," कल्कि ने बताया। "वैसे भी, 'अर्थ-बुक' के हिसाब से चमगादड़ के लुप्त होने का अभी समय नहीं हुआ है।"

"ओह! परंतु पैंगोलिन से मनुष्य में कैसे…?" मैं पूछना चाहता था।

कल्कि को मेरा प्रश्न पहले से पता था। उन्होंने कहा, "खुद को धरती का मालिक समझनेवाले इनसान की किस्मत देखो। दुनिया में सबसे अधिक गैर-कानूनी व्यापार पैंगोलिन का होता है! दुनिया भर में यह मासूम जानवर थोक में

खरीदा-बेचा जाता है और लोग इसे बड़े चाव से मारकर खाते हैं। प्रकृति ने इनसान को सबक सिखाने का बहुत ही चतुर तरीका ढूँढ़ा है। कई देशों में म्यूटा-संक्रमित पैंगोलिन खरीदे-बेचे गए और यह वायरस इनसान में पहुँच गया।"

"जानवरों को मारना और उन्हें खाना तो गलत बात है," मैंने कहा। "इनसान यदि मांसाहार से दूर रहे तो बहुत-सी बीमारियों से बच सकता है।"

"बिल्कुल सही कहते हो!" कल्कि ने कहा, "और इस तरह म्यूटा वायरस चमगादड़ से पैंगोलिन में और फिर मनुष्य में पहुँच गया। लोगों ने शुरू में हुई खाँसी व बुखार को मामूली सर्दी समझा। उनसे यह संक्रमण दूसरे लोगों तक फैलता रहा। वायरस से संक्रमित व्यक्ति यह कल्पना भी नहीं कर पाया कि वह किसी वैश्विक महामारी से ग्रस्त हो गया था। आखिर, यह रोग इतना बढ़ गया कि सबकी नजर में आने लगा। लेकिन तब तक देर हो चुकी थी। अब दुनिया भर में जो कुछ हो रहा है, वह तुम्हारे सामने है। इनसान ने अपने विज्ञान के दम पर जो विनाशकारी काम शुरू किए हैं, उनका हिसाब तो उसे देना ही पड़ेगा। मैं तो केवल इसमें सहायक की भूमिका निभा रहा हूँ।"

मेरी इच्छा हुई कि मैं कल्कि से एक और सवाल पूछ लूँ। मैंने कहा, "क्या मनुष्य म्यूविड-20 के दौर में पूरी तरह खत्म हो जाएगा? मतलब विलुप्त… ?"

कल्कि ने कहा, "तुम सवाल मजेदार पूछते हो! प्रकृति को इस काम में अभी कुछ समय लगेगा। लेकिन म्यूविड-20 के वार से बचना मुश्किल है। यह लोगों को बीमार तो कर ही देगा, साथ में आर्थिक व सामाजिक तबाही इतनी कर जाएगा कि इनसान को सँभलने में बहुत समय लगेगा। उसे यह सबक लंबे अर्से तक याद रहनेवाला है। इनसान के विकास की प्रक्रिया लगभग रुक चुकी है। उसमें किसी तरह का सकारात्मक बदलाव नहीं आ रहा। एक तरह से देखें तो मनुष्य का आत्मिक विकास स्थिर हो गया है। पानी भी एक जगह रुक जाए तो काई जम जाती है। इनसान की भी यही दशा है। उसका विकास रुक गया है। अगर कुछ बढ़ रहा है तो वह हिंसा, आपराधिक प्रवृत्तियाँ और वैमनस्य है!"

"आप सही कहते हैं," मैंने सहमति व्यक्त करते हुए कहा। "अब आगे क्या होगा?"

"नई जिंदगी बनाने का अधिकार केवल प्रकृति को है," कल्कि बोले। "लेकिन इनसान इसे भी अपने हाथ में लेने की कोशिश कर रहा है। मनुष्य 'क्लोनिंग' द्वारा प्रयोगशाला में अलग-अलग प्राणियों के डी.एन.ए. निकालकर, उनमें बदलाव करके नए तरह के जीव बनाने का प्रयास कर रहा है। कुछ कोशिशें

कामयाब हुईं तो कुछ में सफलता नहीं मिली। परंतु यह मनुष्य की खतरनाक महत्त्वाकांक्षा को दर्शाता है। प्रकृति के कार्य में हस्तक्षेप करना किसी अपराध से कम नहीं है। अपराध होगा तो दंड भी मिलेगा। इसीलिए मैं यहाँ मौजूद हूँ!"

कल्कि की बातें सुनने में ठीक लग रही थीं। मनुष्य ने सब सीमाएँ तोड़ दी हैं। इन अपराधों के लिए वह ईश्वर और प्रकृति से जितनी बार क्षमा माँगे, कम होगा। परंतु क्षमा माँगने से पहले गलती का एहसास होना जरूरी है। मनुष्य को अभी वह एहसास नहीं हुआ है, इसलिए उससे क्षमा की अपेक्षा रखना मूर्खता होगी। कल्कि ने स्वयं को दुनिया की नजरों से छिपा रखा था। मैंने उनसे इसका कारण भी पूछ लिया।

"प्रभु, आप पृथ्वी को मनुष्य के दुष्कर्मों से बचाने के लिए इतना कुछ कर रहे हैं। लेकिन भगवान् विष्णु के पिछले अवतारों की भाँति आप लोगों के सामने क्यों नहीं आते? इस तरह छिपकर रहने का क्या कारण है?"

कल्कि कुछ पल के लिए शांत हो गए। फिर वह बोले, "गौरव, तुम्हें महात्मा गांधी के बारे में पता होगा। तुम्हें पता है कि उनका अंत कैसे हुआ था?"

"जी, बिल्कुल!" मैंने तुरंत कहा, "महात्मा गांधी ने जिस देश को अंग्रेजों की गुलामी से आजादी दिलाई, उसी देश के नागरिक ने उनकी हत्या कर दी।"

कल्कि बोले, "यह तो केवल एक घटना है। इतिहास में ऐसे अनेक महान् समाज-सुधारक, क्रांतिकारी और विद्वान् हुए हैं, जिन्होंने समाज को सुधारने और लोगों को अच्छी बातें सिखाने का प्रयास किया। समाज को सुधारने और मानवता के हित के लिए कार्य करनेवाले लोगों का अंत दु:खद होता है। वर्षों पहले लोग इतने निर्मम थे, फिर यह तो कलियुग, यानी कलि का युग है, जहाँ इनसान खुद को भगवान् मानता है! क्या तुम्हें लगता है कि इस युग में लोगों को सामने से कुछ सिखाया जा सकता है? कभी नहीं!" कल्कि ने आवेश में बात समाप्त कर दी।

"लेकिन आप भगवान् का अवतार हैं। आपको किससे डर है?" मैंने फिर प्रश्न किया।

कल्कि ने कहा, "मुझे किसी से डर नहीं है। परंतु कलियुग का मनुष्य प्रेम की भाषा भूल चुका है। इसीलिए उसने अहिंसा के सबसे बड़े पुजारी महात्मा गांधी की हत्या कर दी। इनसान को केवल हिंसा की भाषा समझ में आती है। उसे उसकी भाषा में ही सबक सिखाना पड़ेगा!"

मुझे कल्कि का तर्क ठीक नहीं लगा। मैंने पूछा, "आप तो छिपकर वायरस बना रहे हैं। इससे लोग क्या सीखेंगे?"

"वायरस मैंने बनाया है, यह बात केवल तुम जानते हो!" कल्कि ने रहस्यमयी ढंग से कहा। "लोग तो इसे भी इनसान का कारनामा सिद्ध करने की कोशिश करेंगे। यही बात उन पर उलटी पड़ जाएगी क्योंकि फिर उन्हें यह भी मानना पड़ेगा कि प्रयोगशालाओं में वायरस बनाना या प्रकृति के साथ अन्य तरीकों से छेड़छाड़ करना पूरी मानव जाति के लिए कितना हानिकारक है। वे एक दिन समझ जाएँगे कि उनके विध्वंसक वैज्ञानिक प्रयास उन्हीं पर भारी पड़ रहे हैं।"

इनसान को उसके ही बुने जाल में फँसाने की कल्कि की यह चाल सुनकर मुझे बहुत अचरज हुआ। इसी बीच घोड़े के हिनहिनाने की आवाज ने मेरा ध्यान भंग कर दिया। देवदत्त आ पहुँचा था। कल्कि के जाने का समय हो गया था। मैंने चलते-चलते कल्कि से एक अंतिम सवाल किया।

"आप इस बीहड़ में अकेले ऊब नहीं जाते?"

कल्कि मेरा सवाल सुनकर हँस पड़े और बोले, "तुमसे यह किसने कहा कि यह बीहड़ मेरा स्थायी आवास है? मैं दुनिया-भर में घूमता हूँ। दिन में अपने काम का प्रभाव देखता हूँ और दिन ढल जाने पर विश्राम करने यहाँ आ जाता हूँ। इसी बहाने तुमसे भी मिलना हो जाता है।"

मुझे पता था कि कल्कि ने मुझसे मिलने की बात केवल मेरा मन रखने के लिए कही थी। परंतु कल्कि की मुझ जैसे साधारण व्यक्ति के प्रति उदारता यह सिद्ध करती है कि विनम्रता और स्नेह ही जीवन के सबसे बड़े गुण हैं, जबकि अहंकार और ईर्ष्या हमें पतन की ओर धकेल देते हैं।

□

10

23 अप्रैल, 2020, संभल

एशिया के अधिकतर देश म्यूविड-20 के कहर से जूझ रहे हैं। सब जगह एक-सी राय बन रही है कि लोग आते-जाते रहेंगे और दफ्तर, दुकानें, शिक्षण संस्थान एवं व्यापार खुले रहेंगे तो इस घातक संक्रमण को रोकना असंभव होगा।

स्वास्थ्य के क्षेत्र में सर्वमान्य अंतरराष्ट्रीय संस्था ग्लोबल हेल्थ यूनियन (जी. एच.यू.) के नियमों के अनुसार ऐसी स्थिति में कार्य-व्यापार को रोकने और सभी तरह के शिक्षण, व्यापारिक एवं अन्य तरह की संस्थाओं को पूरी तरह बंद करने की सिफारिश की जाती है। इसे 'लॉकडाउन' कहते हैं। विश्व के अधिकतर देशों ने जी.एच.यू. के द्वारा सुझाए तीन सप्ताह के 'टोटल लॉकडाउन', यानी पूर्ण तालाबंदी को लागू करने का फैसला किया है। इस दौरान रेलगाड़ी, मेट्रो, हवाई जहाज और अन्य सभी तरह की यातायात सेवाओं को पूरी तरह बंद कर दिया गया है। कुछ विशेषज्ञों के अनुसार, यह कदम जल्दी उठाया जाना चाहिए था। परंतु इसके लिए किसी सरकार को दोष देना व्यर्थ है, क्योंकि यह स्थिति अभूतपूर्व है और ऐसी समस्या से सबका सामना पहली बार ही हुआ है। सरकारें इससे निपटने के यथासंभव प्रयास कर रही हैं।

दुनिया के अन्य देशों की तुलना में भारत की स्थिति फिलहाल नियंत्रण में है। परंतु कहना मुश्किल है कि स्थिति कब तक सँभली रहेगी। पश्चिमी जगत् के सबसे शक्तिशाली देश अमेरिका में भी म्यूविड-20 बुरी तरह फैल चुका है। फिर भी वहाँ जन-जीवन पहले की तरह सामान्य चल रहा है। दुनिया की पाँच महाशक्तियों में गिने जानेवाले अमेरिका में हजारों नागरिकों की जान जा चुकी है, लेकिन वहाँ अब तक लॉकडाउन नहीं हुआ है। यह देश दुनिया के सबसे ताकतवर देशों में से एक है, फिर भी इस बीमारी को काबू नहीं कर पाया है।

मुझे चारों ओर हो रही तबाही का बेहद दुःख है। लेकिन मैं कभी-कभी यह सोचकर रोमांचित हो जाता हूँ कि मैं म्यूटा वायरस बनानेवाली शक्ति से मिल चुका

हूँ। दु:ख केवल इस बात का है कि मैं इस विषय में किसी से कुछ कह नहीं सकता।

31 मार्च से शुरू हुआ लॉकडाउन 21 अप्रैल को खत्म हो गया। इससे म्यूविड के मामलों में कुछ कमी तो आई है, लेकिन इसके फैलने की रफ्तार अब भी काफी तेज है। लॉकडाउन को दोबारा पंद्रह दिनों के लिए बढ़ाने का निर्णय लिया गया है। इनसान घर में कैद रहकर ढल रहा है और प्रकृति को खिलने-सँवरने का अवसर मिल गया है। सड़कों पर न ट्रैफिक का धुआँ है और न गाड़ियों के हॉर्न का शोर। फैक्टरियों और कारखानों पर ताले हैं, दुकानें और मॉल बंद हैं। जहाँ तक नजर जाती है, वीरान रास्ते दिखाई देते हैं। लोग घर से बाहर निकलना चाहते हैं, लेकिन वायरस के संक्रमण का खतरा याद आ जाता है तो उनके कदम रुक जाते हैं। मुझे लगता है कि सावधानी रखना जरूरी है। लेकिन कोई घर में कितने दिन बैठ सकता है! घर-गृहस्थी के दर्जनों ऐसे काम होते हैं, जिनके लिए न चाहकर भी बाहर निकलना पड़ता है। लोगों ने धीरे-धीरे म्यूटा वायरस को जीवन का हिस्सा मान लिया है। मैं सामान लेने घर से बाहर जाता हूँ तो भी वायरस की कैद में होने का एहसास खत्म नहीं होता। शाम को मास्क लगाकर कल्कि से मिलने जाने का विचार है। देखते हैं, क्या होता है!

~

शाम को बीहड़ पहुँचा तो कल्कि से मिलने के लिए इंतजार नहीं करना पड़ा। आज उनसे मिलकर लॉकडाउन को देखने का एक नया नजरिया मिला। कल्कि टहल रहे थे। मैंने उन्हें प्रणाम किया तो उन्होंने भी मुसकराते हुए मेरा स्वागत किया।

वे बोले, "क्या हुआ? फिर मन में कोई सवाल उठ गया?"

"जी हाँ!" मैंने कहा। "देश और दुनिया में चल रहे लॉकडाउन ने दिमाग में कुछ सवाल पैदा कर दिए हैं, इसलिए आपसे मिलने चला आया।"

कल्कि बोले, "कहो, क्या शंका है?"

मैंने पूछा, "क्या लॉकडाउन द्वारा म्यूटा वायरस को फैलने से रोका जा सकता है? हालाँकि मुझे आपकी सब बातें याद हैं, लेकिन मैं रियाध के दृश्य दोबारा नहीं देख सकता।"

मेरा सवाल सुनकर कल्कि मुसकराए और बोले, "रियाध में जो तुम्हारे साथ हुआ, वह दर्दनाक था। मैं इसका कारण तुम्हें बता चुका हूँ। जहाँ तक लॉकडाउन का सवाल है, इस महामारी से बचने के लिए कई तरीके अभी सोचे जाएँगे। लॉकडाउन से बीमारी के फैलने की रफ्तार थोड़ी कम जरूर हो सकती है, लेकिन

इसे पूरी तरह रोकना संभव नहीं है। म्यूविड-20 की गति को थामने के लिए सरकारों ने लॉकडाउन तो कर दिया, लेकिन इससे केवल वायरस नहीं थमा, बल्कि जीवन भी थम गया है। रोजगार, व्यापार, परियोजनाएँ—सब ठप्प हो गए हैं। कोई देश चाहे विकसित हो या विकासशील, बहुत लंबे समय तक कारोबार और सेवाओं को बंद नहीं रख सकता क्योंकि इससे अर्थव्यवस्था चरमरा जाती है। आखिर, जब खजाने खाली हो जाएँगे, सरकारों के पास पैसा आना बंद हो जाएगा, तरह-तरह के ऋण माफ करने पड़ेंगे तो विवश होकर अर्थव्यवस्था को फिर से पटरी पर लाने के लिए लॉकडाउन को खोलना ही पड़ेगा। एक बार लॉकडाउन खुला तो संक्रमण फिर पहले जैसी गति पकड़ लेगा।"

मैंने कल्कि से कहा, "यह तो स्वाभाविक है कि संक्रमण की रोकथाम के लिए लॉकडाउन के अलावा और भी तरीके अपनाए जाएँगे। इसमें क्या गलत है?"

कल्कि ने हँसते हुए कहा, "इनसान जल्दी हार माननेवाला प्राणी नहीं है। यदि उसे अपनी पराजय होती नजर भी आ गई तो उसका अहंकार उसे हार स्वीकार नहीं करने देगा। इसी अहंकार और हठ के दम पर तो वह अन्य जीवों से अधिक श्रेष्ठ और मजबूत बना है। म्यूविड-20 जब फैल जाएगी तो 'प्लाज्मा थेरेपी' का इस्तेमाल किया जाएगा।"

"यह क्या होता है?" मुझे जिज्ञासा हुई।

"व्यक्ति को थोड़ा विज्ञान अवश्य पढ़ना चाहिए। चीजों को समझने में आसानी होती है!" कल्कि ने हँसते हुए कहा। "मैं समझाता हूँ। ऐसा होता है कि शरीर में हर तरह की बीमारी से लड़ने के लिए कुछ विशेष प्रकार की कोशिकाएँ होती हैं। किसी भी तरह के संक्रमण से लड़ने के बाद खून में उस संक्रमण के खिलाफ 'एंटीबॉडीज' बन जाती हैं। फिर भविष्य में दोबारा वही संक्रमण होने की संभावना बहुत कम हो जाती है। म्यूटा वायरस के मामले में भी यही होता है। इस वायरस से संक्रमित मरीज जब ठीक हो जाता है तो उसके खून में भी वायरस के खिलाफ एंटीबॉडीज बन जाती हैं। ऐसे लोगों के खून से 'एंटीबॉडीज' निकालकर यदि उन्हें नए मरीजों के खून में डाल दिया जाए तो वे लोग भी जल्दी स्वस्थ हो सकते हैं इसी को प्लाज्मा थैरेपी कहते हैं।"

"यह तो इस वायरस को रोकने का अच्छा तरीका है।"

कल्कि ने हँसते हुए कहा, "गौरव, तुम भूल रहे हो कि मनुष्य लाख प्रयत्न करे, किंतु वह ईश्वर से बेहतर वैज्ञानिक नहीं बन सकता! मैंने विज्ञान के इस सरल-

से सिद्धांत का तोड़ पहले ही निकाल लिया था। तुम्हें याद होगा, मैंने तुमसे डी.क्यू. सी.एम. का जिक्र किया था।"

"जी, मुझे याद है।" मैंने कहा। मैं समझ गया कि कल्कि फिर कुछ नया बताने वाले हैं।

"मैंने उस समय डी.क्यू.सी.एम. के साथ एक और रसायन तैयार किया था—जॉम्बिक सायनाइड!" कल्कि ने रहस्य खोला। "यह रसायन, इनसान की प्लाज्मा-थैरेपी की काट है। मैंने इसे बहुत लंबे शोध के बाद तैयार किया है। तुमने 'जॉम्बी' शब्द तो जरूर सुना होगा?"

"जॉम्बी तो चलते-फिरते मुर्दे को कहते हैं!" मैंने कई अंग्रेजी फिल्मों में ऐसे दृश्य देखे थे। "जॉम्बी जीवित व्यक्ति को पकड़कर अपने जैसा बना लेता है। परंतु असलियत में तो ऐसा कुछ नहीं होता! मुझे उम्मीद है, आप उस तरह के फिल्मी जॉम्बी की बात नहीं कर रहे।"

"मैं बेशक उसी जॉम्बी की बात कर रहा हूँ!" कल्कि के जवाब ने मुझे असहज कर दिया। फिल्मों में जॉम्बी बहुत डरावने दिखते हैं। मुझे उसकी कल्पना से ही डर लग रहा था।

कल्कि ने कहा, "यदि प्लाज्मा थैरेपी कारगर सिद्ध हो गई तो मेरा बनाया जॉम्बिक सायनाइड म्यूटा वायरस में सक्रिय हो जाएगा। इसकी विशेषता यह है कि यह रसायन रोगी के शरीर में मौजूद एंटीबॉडीज को अपने जैसा बना लेता है, ठीक उसी तरह, जैसे फिल्मों में जॉम्बी करते हैं।"

"यह तो बहुत खतरनाक प्रक्रिया है!" मैंने आश्चर्य से कहा।

"बेशक!" कल्कि मुसकरा रहे थे। "प्लाज्मा थैरेपी कुछ दिन तो काम करेगी, लेकिन फिर जॉम्बिक सायनाइड के सक्रिय होते ही मरीज के शरीर में म्यूटा वायरस की मात्रा कम होने के बजाय बढ़ने लगेगी। यह भी जबरदस्त संयोग है कि जॉम्बी की तरह वायरस को भी जिंदा नहीं माना जाता।"

"लेकिन शरीर में वायरस की संख्या बढ़ती जाती है। फिर इसे जिंदा क्यों नहीं मानते?" मैंने सवाल किया।

"किसी के शरीर में प्रवेश करने के बाद वायरस की केवल संख्या बढ़ती है। इसके अलावा, वह ऐसा कुछ नहीं करता, जिससे उसे जीवित कहा जा सके। वायरस को हवा-पानी की जरूरत नहीं होती और न ही वह हिल-डुल सकता है। इसलिए विज्ञान के नियम के अनुसार वायरस को जीवित नहीं माना जाता। जॉम्बिक

सायनाइड मेरी अब तक की सबसे घातक खोज है!" कल्कि ने खुश होकर कहा।

मैंने महसूस किया कल्कि ने मनुष्य को सबक सिखाने का पूरा इंतजाम कर दिया था। मैं कुछ देर चुप रहा, फिर मैंने पूछा, "मनुष्य ने विज्ञान और तकनीक की मदद से बहुत से अविश्वसनीय काम कर लिये हैं। क्या आपको नहीं लगता कि वह कोशिश करके म्यूटा वायरस की दवा भी बना ही लेगा?"

"दवाई? हा! हा!!" कल्कि जोर से हँसे। "इसकी दवाई तो जरूर बन जाएगी, लेकिन इनसान के भीतर धन कमाने की असीमित इच्छा का जो रोग है, उसकी दवाई किसी के पास नहीं है! यही मनुष्य के दुःखों का असली कारण है। म्यूटा वायरस जैसे-जैसे फैलेगा, दुनिया में असंख्य मौकापरस्त और स्वार्थी लोग हैं, जो मानवता पर आए इस कठिन समय में भी धन कमाने का अवसर खोज लेंगे। वे सामान्य प्रतिरक्षक दवाओं को वायरस की दवा बताकर उसे महँगे दामों में बेचेंगे। इन दवाओं से केवल इम्यूनिटी बढ़ सकती है, लेकिन यह वायरस का उपचार नहीं है।"

"ऐसे समय पर भी धोखा?" मुझे भविष्य के बारे में सोचकर चिंता होने लगी।

"इसीलिए तो मैं यह सब कर रहा हूँ!" कल्कि ने सहजता से कहा। "इनसान की लोभी प्रवृत्तियों पर लगाम कसना बहुत जरूरी हो गया है।"

कल्कि की योजना मानव जाति के लिए कहर और विनाश का सूचक थी, फिर भी उनका कहना सही था। मैंने अखबारों में पढ़ा कि दुनिया के अधिकतर देशों में चल रहे लॉकडाउन और मानवीय गतिविधियों के बंद होने के बाद वातावरण में अभूतपूर्व सुधार हुआ। वाहनों से होनेवाला प्रदूषण रुक जाने से हवा स्वच्छ हो गई। फैक्टरियों और अन्य उद्योगों के बंद हो जाने से नदियाँ साफ दिखने लगीं। यही नहीं, ग्लोबल वॉर्मिंग में भी तेजी से कमी आई और धरती से कई किलोमीटर ऊपर ओजोन गैस की परत में जो छेद हो गया था, वह भी काफी हद तक भर गया। इसके कारण धरती के प्राणी सूर्य की परावर्ती किरणों से बच रहे हैं। हम कह सकते हैं कि प्रकृति के घाव धीरे-धीरे भरने लगे हैं। इन बातों से इतना तो अवश्य सिद्ध होता है कि प्रकृति व पर्यावरण को क्षति पहुँचाने में इनसान की ही भूमिका प्रमुख है।

मैंने कहा, "यह अच्छी बात है कि प्रकृति के घाव भर रहे हैं। इसी बहाने, इनसान प्रकृति की कुछ मदद तो कर रहा है!"

मेरी बात सुनकर कल्कि ने जोर का ठहाका लगाया। फिर वे बोले, "इनसान प्रकृति की क्या मदद करेगा! उसे तो स्वयं सहायता की जरूरत है। पर्यावरण में हुए इस सुधार में इनसान का कोई योगदान नहीं है। इनसान ने प्रकृति के लिए कुछ

नहीं किया, बल्कि उसके कुछ न करने से प्रकृति की हालत में सुधार हुआ है। मनुष्य घर में रहने को विवश है क्योंकि उसकी अपनी जान खतरे में है। उसकी इस मजबूरी का परिणाम है कि प्रकृति को राहत मिली है। तुमने देखा होगा कि धरती पर इनसानी गतिविधि रुक जाने से कुछ ही दिनों में प्रकृति का आँचल फिर से हरा-भरा हो उठा है। इससे सिद्ध होता है कि मनुष्य यदि हस्तक्षेप न करे तो प्रकृति अपनी देखभाल खुद करने में पूरी तरह समर्थ है। इसके लिए प्रकृति को इनसानों द्वारा चलाए जानेवाले वृक्षारोपण अभियानों की भी जरूरत नहीं है। इस तरह के अभियान तो मनुष्य केवल अपने अपराध-भाव को कम करने के लिए शुरू करता है। उसके मन में चोर है और वह जानता है कि उसने असंख्य पेड़ काटे हैं। प्रकृति इनसान के लगाए मुट्ठी-भर वृक्षों के भरोसे नहीं चलती। इसलिए मनुष्य को अपने अहंकार पर नियंत्रण रखना चाहिए, क्योंकि वह इस अनंत ब्रह्मांड में धूल के कण से अधिक कुछ नहीं है।"

कल्कि की बातों ने मुझे डरा दिया था। लेकिन मैं यह भी समझ रहा था कि इनसान को सुधरने का अवसर शायद दोबारा न मिल पाए। कल्कि ने हाथ हिलाया और बीहड़ की ओर चले गए। मैं भी घर लौट आया। मैं हर बार कल्कि से बात करके जीवन के नए रहस्यों से परिचित हो रहा हूँ। मुझे कल्कि से अगली मुलाकात का बेसब्री से इंतजार रहेगा।

□

11

16 जून, 2020, संभल

विश्वास नहीं होता कि बीते एक महीने में भारत में म्यूटा के डेढ़ लाख से ज्यादा मरीज सामने आ चुके हैं। कई हजार लोगों की जान जा चुकी है। लेकिन एक अच्छी बात यह है कि बहुत लोग ठीक भी हो रहे हैं। म्यूटा वायरस का प्रकोप जिस गति से बढ़ रहा है, उसी गति से मरीज ठीक भी हो रहे हैं। हर देश में लगभग यही स्थिति है। अमेरिका के आँकड़े सुनकर तो कानों पर विश्वास नहीं होता। वहाँ पंद्रह लाख से ज्यादा लोग इस बीमारी की चपेट में हैं और एक लाख से ज्यादा लोगों की मृत्यु हो चुकी है!

वायरस से ठीक हो चुके लोगों की बढ़ती संख्या को देखते हुए चिकित्सकों की हिम्मत भी बढ़ी है। मैंने हाल में सुना कि डॉक्टर प्लाज्मा थेरैपी के बारे में सोच रहे हैं। उन्होंने कुछ लोगों पर इसका परीक्षण किया तो इसे सफल पाया। कल्कि ने भी यही कहा था। शुरू में यह प्रयोग असरदार साबित होगा। इस बीच दुनिया की अर्थव्यवस्था संकट में है। आर्थिक रूप से कमजोर देशों में लाखों लोगों का रोजगार छिन चुका है। वहाँ की अर्थव्यवस्था पूरी तरह चरमरा जाने के कगार पर है, इसलिए जी.एच.यू. की चेतावनी के बावजूद सबने लॉकडाउन खोलने का निश्चय कर लिया है।

देश–हित में लॉकडाउन खोलना विवशता है परंतु इसकी सबसे बुरी मार मजदूर वर्ग पर पड़ी है। दुनिया के हर देश में कारखाने और छोटे–बड़े उद्योग चलते हैं, जहाँ हजारों मजदूरों को प्रतिदिन रोजी–रोटी के लिए संघर्ष करना पड़ता है। यह स्थिति कहीं ज्यादा है तो कहीं कम, लेकिन श्रमिक वर्ग हर देश में है। बड़े शहरों में काम के लिए आए श्रमिक जब लॉकडाउन के कारण असहाय और बेरोजगार हो गए तो उनके लिए म्यूटा वायरस से पहले भुखमरी से बचना जरूरी हो गया। ये लोग घर–परिवार से सैकड़ों–हजारों किलोमीटर दूर रहते और काम करते हैं। पिछले दो महीनों से मजदूरों के पास कोई काम नहीं है।

सबसे अधिक परेशानी में दिहाड़ी वर्ग है, जो रोज कमाता और रोज खाता है। वे परेशान हैं और अपने घर लौटना चाहते हैं। अचानक हुए लॉकडाउन के लिए मानसिक रूप से कोई भी तैयार नहीं था। तालाबंदी की घोषणा होते ही ट्रेन, बस और हवाई सेवाएँ तत्काल प्रभाव से बंद कर दी गईं और जो जहाँ था, वहीं फँस गया। किसी को घर लौटने का भी समय नहीं मिला। स्वाभाविक है, इससे लोगों को भारी असुविधा हुई।

हर व्यक्ति अंतिम साँस अपने घर में, अपनों के बीच लेना चाहता है। यही वजह है कि हजारों श्रमिक एक हाथ में सामान की गठरी और दूसरे हाथ में बच्चों को उठाए गरमी में झुलसती सड़कों पर सैकड़ों किलोमीटर पैदल चलकर भी किसी तरह अपने घर पहुँचने की कोशिश में हैं। इनसान की जिजीविषा और लाचारी का इससे बड़ा मंजर शायद ही दूसरा होगा! उन्हें म्यूटा वायरस का भी डर नहीं है। उनका सबसे बड़ा डर भूख है। वे अपने बच्चों को भूखा मरता नहीं देख सकते।

मजदूर वर्ग, अर्थव्यवस्था की मशीन को चलानेवाला तेल है। यह वर्ग हमारे समाज की इमारत की नींव है। अगर यह वर्ग मिट गया तो न इमारत रहेगी और न इसमें रहनेवाले पूँजीपति! श्रमिकों के बिना देश की व्यवस्था सुरक्षित नहीं रह सकती। पूँजीपति वर्ग इस बात को समझता है। फिर भी, दुःख की बात है कि इन बेबस और बेरोजगार मजदूरों को बेसहारा छोड़ दिया गया है। इसमें संदेह नहीं कि मीलों का सफर तय करते इन श्रमिकों की बहुत बड़ी संख्या म्यूटा वायरस से संक्रमित हो गई होगी। लेकिन उनके पास यह सोचने का समय नहीं है क्योंकि उन्हें दम तोड़ने से पहले घर पहुँचना है। बहुत से मजदूरों ने हिम्मत से सफर तय किया और अपने घर पहुँच भी गए। किंतु इनमें से कई उतने भाग्यशाली नहीं थे। किसी ने भूख-प्यास से तो किसी ने थकान से और किसी ने दोनों से रास्ते में ही दम तोड़ दिया। बहुत से राज्यों की सीमाएँ सील कर दी गई हैं। इसलिए बिना इजाजत सीमाएँ पार कर रहे इन मजदूरों ने पुलिस की मार भी खाई है। भाग्य जिसका साथ छोड़ दे, उसे सब तरफ से मार ही पड़ती है। देखते हैं, श्रमिक वर्ग की पीड़ा से बेखबर यह समाज कितने दिन इनके बिना जिंदा रह सकता है!

लॉकडाउन के चलते मैं भी घर में बंद रहा। मैंने इसके खुलते ही कल्कि से मिलने की योजना बनाई। मुझे विश्वास है, उनसे मिलकर फिर कुछ नई बातों पर से परदा उठेगा।

लॉकडाउन जैसे ही खुला तो लोग घरों से ऐसे निकले, जैसे पिंजरे से छूटकर जंगली पशु भागते हैं। मुझे मजदूर वर्ग का दुःख सता रहा है। मैंने तय किया कि कल्कि से इस पर चर्चा करूँगा।

बीहड़ पहुँचा तो बहुत समय बाद कल्कि को जिंगू और टीया के साथ खेलते पाया। वे दोनों भी अब बड़े हो चुके हैं, लेकिन मुझे उनसे डर नहीं लगता। कल्कि ने इशारा किया तो दोनों बीहड़ के अंदर चले गए।

कल्कि ने मुझे देखा तो कहा, "गौरव, तुम आज कुछ परेशान हो। क्या बात है?"

मैंने धीमी आवाज में कहा, "मजदूर वर्ग का दुःख मुझे परेशान कर रहा है। वे बेचारे बहुत कष्ट में हैं। इतना बड़ा समूह, जो हमारे जीवन का आधार है, इस तरह पीड़ा पा रहा है। इसमें उनकी क्या गलती है? उनके भूखे मरने की नौबत आ गई है। मैं उनकी खबरें पढ़ता हूँ तो आँखों में आँसू आ जाते हैं। गरीब, भूखे और बीमार लोग। सड़कों पर बेहोश होते, भूख-प्यास से बिलखते बच्चे। आप तो भगवान् हैं, क्या आप इन्हें बचा नहीं सकते?"

कल्कि ने मेरी बात ध्यान से सुनी। फिर वे गंभीर स्वर में बोले, "मैं जानता हूँ कि मजदूरों के साथ जो हो रहा है, वह दुर्भाग्यपूर्ण है। मुझे भी उन पर दया आती है, लेकिन मैं उनके लिए कुछ नहीं कर सकता।"

"क्यों?"

कल्कि ने उत्तर दिया, "मुझे पता है कि ये निर्दोष हैं और जो दोषी हैं, वे अपने घरों में आराम से बैठे हैं। यह सच है कि गरीब लोग दया के पात्र हैं, लेकिन मेरा शोध कहता है कि गरीब यदि सहसा अमीर हो जाए तो उसकी विचारधारा भी पूँजीवादी और भ्रष्ट हो जाती है। वह भी गाड़ी में घूमेगा, धुआँ फैलाएगा, कारखाने चलाएगा, पानी और हवा को गंदा करेगा, पेड़ काटेगा, दूसरों की जमीन हड़प जाएगा। कुल मिलाकर, मनुष्य विश्वास और दया के योग्य नहीं है।" यह कहकर कल्कि मेरी ओर देखने लगे।

फिर वे बोले, "यदि तुम्हें कोई बड़ा प्रलोभन दिया जाए तो संभव है कि तुम भी गलत काम करने को तैयार हो जाओगे। लेकिन इसमें तुम्हारा दोष नहीं है क्योंकि अनैतिक प्रवृत्तियाँ मनुष्य के डी.एन.ए. का हिस्सा बन चुकी हैं। उन्हें बदलना संभव नहीं है।" मेरे पास कल्कि के इस तर्क का कोई जवाब नहीं था। वह शायद ठीक कह रहे थे। मैं सोच में पड़ गया।

"तुम्हारा सोच में डूब जाना साबित करता है कि तुम्हें स्वयं पर भरोसा नहीं है।" कल्कि ने मेरी कमजोरी पकड़ ली थी। वह बोले, "मुझे जो साबित करना था, मैं कर चुका हूँ। मनुष्य को धर्म का मार्ग छोड़ने में समय नहीं लगता। यह आध्यात्मिक उपदेश नहीं, बल्कि मेरे अपने शोध पर आधारित सत्य है। मनुष्य आज धन, आराम और यश के लिए कुछ भी करने को तैयार है। प्रलोभन जितना बड़ा होगा, वह पतन के मार्ग पर चलने को उतना ही जल्दी तैयार हो जाता है। इसलिए बात गरीब या अमीर की नहीं है। यह प्रवृत्ति का मामला है। किसी कठोर दंड के बिना इसे सुधारना संभव नहीं है। दंड सबको मिलेगा, क्योंकि प्रकृति के नियमों को तोड़ने का अपराध सबने किया है। इसलिए मैं मजदूरों के लिए कुछ नहीं कर सकता।"

मैंने कहा, "मैं समझ गया, आप क्या कहना चाहते हैं। एक सवाल और है। म्यूविड-20 से लोग जल्दी ठीक हो रहे हैं। यदि आप सचमुच मनुष्य को सबक देना चाहते थे तो आपने म्यूटा वायरस को स्पेनिश फीवर वाले वायरस की तुलना में कमजोर क्यों बनाया? इससे ज्यादातर लोग ठीक हो जाएँगे और इनसान फिर अपनी गतिविधियाँ शुरू कर देगा।"

कल्कि हँस पड़े। उन्होंने कहा, "दुनिया की आबादी साढ़े सात सौ करोड़ से ज्यादा है और अभी एक करोड़ लोग भी संक्रमित नहीं हुए हैं। थोड़ा धैर्य रखो और देखते जाओ। डी.क्यू.सी.एम. और जॉम्बिक सायनाइड का असर शुरू होना अभी बाकी है। दुनिया में मरीजों की संख्या इतनी हो जाएगी कि अस्पताल कम पड़ जाएँगे।"

कल्कि की आखिरी बात सुनकर मैं घबरा गया! मैंने डरते हुए पूछा, "इसमें कितने लोग मारे जाएँगे?"

कल्कि ने कहा, "कुछ बातें केवल ईश्वर को पता रहनी चाहिए। लेकिन मुझे दुःख है कि इतना कुछ होने पर भी मनुष्य के व्यवहार में बदलाव नहीं आया है। परंतु उसे बदलना तो पड़ेगा!" कल्कि गंभीर हो गए।

कल्कि जब भी इनसान के व्यवहार और उसमें अपेक्षित बदलाव की बात करते थे तो उनके स्वर में तेजी और चेहरे पर आवेश आ जाता था। मैं कुछ कह पाता, इससे पहले कल्कि मुड़े और बीहड़ में चले गए। मेरे पास भी घर लौटने के सिवाय कोई दूसरा रास्ता नहीं था।

□

12

10 सितंबर, 2020, संभल

कल्कि से बात करके घटनाओं को देखने का मेरा दृष्टिकोण बदल रहा है। मैं म्यूटा वायरस की खबर से ही बहुत दुःखी हूँ और इस बीच एक और परेशान करनेवाला समाचार पढ़ने को मिला है। भारत के एक नहीं, दो अलग-अलग प्रांतों में ऐसी घटनाएँ हुई हैं। दक्षिण भारत में एक स्थान पर गर्भवती हथिनी को और फिर दूसरी जगह एक गाय को भोजन में पटाखे भरकर खिला दिए गए। हथिनी और उसके अजन्मे बच्चे की मृत्यु हो गई। निर्दोष गाय भी मारी गई। उन बेचारे जानवरों के शरीर में पटाखों के विस्फोट और उन्हें हुए कष्ट की कल्पना कर पाना भी कठिन है। मेरे विचार से, ऐसा निर्मम और क्रूर मजाक करनेवाले को मौत से कम सजा नहीं मिलनी चाहिए। लेकिन वास्तव में दोषियों का क्या होगा, यह तो समय बताएगा।

भारत ही नहीं, दुनिया के अन्य देशों में भी पशु-पक्षियों को अनेक तरह की यातनाएँ दी जाती हैं। उन्हें पिंजरों या घर के कमरों में बाँधकर रखना, खुले जंगलों में आजाद घूमनेवाले जानवरों को सर्कस और चिड़ियाघर में लोगों के मनोरंजन का सामान बनाना आदि, बहुत-से ऐसे उदाहरण हैं, जहाँ मनुष्य का निर्दयी चेहरा साफ दिखाई देता है। यह समझ पाना कठिन है कि इस निर्ममता से इनसान को क्या हासिल होता है ? ये घटनाएँ ध्यान में आती हैं तो लगता है कि कल्कि जो कर रहे हैं, ठीक है ! इनसान इसी योग्य है कि वह मुँह व नाक पर मास्क पहनकर दिन-भर घर में बंद रहे और पीड़ा भोगे, जैसे वह जानवरों को कैद करके उन्हें कष्ट देता है।

कल्कि ने पिछली मुलाकात में कहा था कि मनुष्य को बदलना पड़ेगा। मैं अगली मुलाकात में कल्कि से इस विषय पर और बात करना चाहता हूँ।

~

कुछ दिनों बाद मैं बीहड़ की ओर गया तो हमेशा की तरह कल्कि बाहर टहल रहे थे। उन्हें शायद मेरा ही इंतजार था। यह सोचना व्यर्थ है कि उन्हें कैसे पता

लगता था कि मैं उनसे मिलने जाने वाला हूँ। वे ईश्वर का अवतार हैं···उनसे कुछ नहीं छिपता!

"गौरव, मैं तुम्हारी ही प्रतीक्षा कर रहा था," कल्कि ने मुझे देखते ही कहा।

मैंने उन्हें प्रणाम किया और सीधा अपनी बात पर आ गया। मैंने पूछा, "आपने पिछली बार कहा था कि मनुष्य में बदलाव आना मुश्किल है, लेकिन उसे बदलना ही पड़ेगा। मैं जानना चाहता हूँ कि आपके बनाए म्यूटा वायरस का प्रभाव कब तक रहेगा? क्या मनुष्य सचमुच प्रकृति के नियमों के अनुसार चलेगा?"

कल्कि ने कहा, "मैंने तुम्हें बताया था कि इस बीमारी के अंत तक मानव समाज को इतनी क्षति हो जाएगी कि उसके लिए दोबारा इस भूल को दोहराना संभव नहीं होगा। वहीं से इनसान में बदलाव की प्रक्रिया आरंभ होगी।"

मुझे लगा, मेरा सवाल ठीक नहीं था। मैंने फिर पूछा, "मेरा मतलब है कि आप जिस बदलाव की बात कर रहे हैं, वह कब तक आएगा?"

कल्कि ने ध्यान से मेरी आँखों में देखा और फिर बोले, "मैंने कहा था कि कुछ बातें मनुष्य के जानने योग्य नहीं होतीं। शेष दुनिया की तरह तुम्हें भी इस परिवर्तन का इंतजार करना होगा। जो हो रहा है, उसे देखते रहो।"

कल्कि ने दूसरी बार मेरे सवाल का स्पष्ट उत्तर देने से मना किया था। तभी मेरे मन में एक और प्रश्न पैदा हो गया। मैंने कहा, "आप तो भगवान् विष्णु का अवतार हैं। आप एक बेहतरीन वैज्ञानिक भी हैं। क्या आप बता सकते हैं कि इससे पहले कई बार तूफान, भूकंप, बाढ़, अकाल और छोटी-बड़ी महामारियों के रूप में प्रकृति के हाथों इनसान की बुरी तरह हार हुई है, फिर भी उसमें बदलाव क्यों नहीं आया?"

कल्कि ने एक पल सोचा और फिर उत्तर दिया, "गौरव, तुमने पशु-पक्षियों के साथ मनुष्य की क्रूरता के बारे में सुना होगा। तुमने रंगभेद के चलते अश्वेत लोगों की हत्या की खबरें भी पढ़ी होंगी। कुछ दिन ऐसी खबरों पर प्रदर्शन होते हैं, शोरगुल होता है, फिर सब भूल जाते हैं और जीवन पहले की तरह सामान्य हो जाता है, मानो कुछ हुआ ही नहीं था। मैंने किसी को ऐसी घटनाओं के बाद बदलते नहीं देखा। इससे पता लगता है कि मनुष्य चाहे तो गलतियों से सीख सकता है, लेकिन वह सीखना नहीं चाहता। उसके लिए दूसरे व्यक्ति की जान की कोई कीमत नहीं है। उसे दूसरों के कष्ट और पीड़ा से कोई संबंध नहीं है। कलियुगी मनुष्य

का हृदय कठोर हो गया है। वह स्वभाव से दुष्ट और अहंकारी है। वह प्रकृति के कोप से बच जाता है तो अपने को सर्वशक्तिमान समझने लगता है। हालाँकि कुछ लोग हैं, जो इस स्थिति को बदलना चाहते हैं, परंतु उनकी संख्या कम है, जबकि संवेदनहीन लोगों की संख्या बहुत अधिक है। इनके अनुपात में इतना अंतर है कि यह बदलाव असंभव-सा लगता है।"

"फिर यह स्थिति आखिर कैसे बदलेगी?" मैंने चिंतित स्वर में पूछा।

"बदलेगी!" कल्कि बोले, "हर बड़े काम में समय लगता है, इसलिए मनुष्य को भी गलत मार्ग से हटकर सही रास्ते पर आने में थोड़ा समय लगेगा। 'अर्थ-बुक' के अनुसार तो इनसान के पास अधिक समय नहीं है, परंतु लुप्त होने से पहले वह एक बार अपनी पुरानी स्थिति में अवश्य लौटेगा। उस समय वह खुद को बचाने के लिए विज्ञान और तकनीक का सहारा भी नहीं ले पाएगा और तब प्रकृति अपने तरीके से इस काम को पूरा करेगी।"

"आपका आशय शांति से है, लेकिन यह विनाश से पहले की होगी या बाद की?"

"दोनों तरह की शांति अलग होती है!" कल्कि ने अपने स्वभाव के अनुसार सहजता से कहा। "अवतार का उद्देश्य अधर्म और असंतुलन को मिटाकर धर्म और संतुलन की स्थापना करना है। मैं इसी कार्य में लगा हूँ। अंतर केवल इतना है कि पहले के अवतारों के पास दिव्य शक्तियाँ थीं, जबकि मेरी शक्तियाँ विज्ञान के दायरे में आती हैं। तुमने सुना होगा, जैसा देश वैसा वेश!" कल्कि की बात खत्म हो गई थी।

मैं चुपचाप कल्कि को देखता रहा। सवाल समाप्त होने के बाद घर लौटने का समय हो जाता था। तभी कल्कि ने कहा, "क्या तुमने ध्यान दिया कि पहले की तुलना में इन दिनों भूकंप जल्दी-जल्दी आते हैं?"

"हाँ, यह सही बात है," मैं बोला। "लेकिन यह सवाल क्यों? क्या अब आप भूकंप लाने वाले हैं?"

यह सुनकर कल्कि ने ठहाका लगाया। "मैं प्रकृति के कार्यों में हस्तक्षेप नहीं करता। भूकंप एक तरह की प्राकृतिक आपदा है। यह उपहार तो इनसान को प्रकृति देती है। लेकिन हाँ, मैं तुम्हें यह जरूर बता सकता हूँ कि बार-बार भूकंप के झटके आना किसी भावी और बड़ी आपदा का संकेत है।"

"परंतु भूकंप के और भी कारण होते हैं। इनसानी गतिविधियों का भूकंप से क्या संबंध है?" मैंने पूछा।

"गौरव, हलके भूकंप अकसर पता नहीं चलते, परंतु लगातार और जल्दी-जल्दी भूकंप आना यह बताता है कि धरती के नीचे हलचल हो रही है। इनसान ने इतनी शक्ति अर्जित कर ली है कि उसकी गतिविधियों से हलके भूकंप भी पैदा हो सकते हैं! धरती पर पानी के भरपूर स्रोत हैं, फिर भी मिट्टी खोदकर कृत्रिम तालाब बनाना और उन्हें मनोरंजन का जरिया समझना आदमी का शौक बन चुका है। इसके अलावा, धरती की छाती भेदकर जरूरत से ज्यादा खनिज, तेल, गैस और पानी निकालने से भी भूकंप पैदा होते हैं। तैयार रहो! किसी भी समय कुछ भी हो सकता है!"

"जी, मैं समझ रहा हूँ···आजकल देवदत्त आपके साथ नहीं दिखता," मैंने बात बदलते हुए कहा।

मेरी बात अभी पूरी नहीं हुई थी कि बीहड़ में से देवदत्त की टाप सुनाई पड़ने लगी। कल्कि ने मुझे देखा और फिर मुसकराकर बोले, "देखो! केवल मैं ही नहीं, देवदत्त भी तुम्हारे बुलाने से आ जाता है।"

कल्कि की सहृदयता देखकर मुझे कभी नहीं लगा कि वे मनुष्य के रूप में ईश्वर का अवतार हैं। लेकिन यह सच है कि उनकी विनम्रता और विवेक में ही उनका देवत्व छिपा है। कल्कि उछलकर देवदत्त पर सवार हुए और मुझे मेरे सवालों के साथ छोड़कर ओझल हो गए।

□

13

भविष्य

पूरी दुनिया में म्यूटा वायरस का डर समाया है। लोग घरों से निकलने से बचते हैं और केवल जरूरी काम होने पर ही बाहर जाते हैं। मैं भी भीड़ का हिस्सा बन चुका हूँ। डर तो मुझे भी लगता है! अंतर केवल इतना है कि कल्कि से मिलने के बाद मैं संसार में व्याप्त इस भयानक महामारी के विषय में दूसरों से थोड़ा अधिक जान गया हूँ। घर से दुकान और फिर वापस घर—बस, यही आजकल मेरा जीवन है। कुछ दिनों से बीहड़ जाने का भी साहस नहीं हुआ।

कल रात मैं दुकान से लौटकर आया तो बहुत थका हुआ था। गरिमा और राहुल को जल्दी सोने की आदत है और मैं प्रायः उनके बाद सोता हूँ। मैंने खाना खाया तो देर हो गई थी। गरिमा और राहुल सो चुके थे। कुछ देर बाद मैं भी लेट गया। लेकिन मुझे बहुत देर तक नींद नहीं आई। मैं कल्कि से हुई चर्चा और म्यूविड-20 के बारे में सोचता रहा। इस बीमारी के कारण भविष्य अनिश्चित हो गया है। बच्चों की पढ़ाई, काम-काज, व्यापार, अर्थव्यवस्था, स्वास्थ्य सेवाएँ—सब अधर में हैं। मैंने बहुत कोशिश की, लेकिन यह विचार मन से नहीं गया।

कुछ देर बाद मुझे घुटन-सी महसूस होने लगी। माथे पर पसीना आ गया। मैं उठा और घर के खिड़की-दरवाजे खोल दिए, फिर भी राहत नहीं मिली। हालाँकि रात ज्यादा हो चुकी थी लेकिन मैंने बाहर से दरवाजे पर ताला लगाया और टहलने निकल गया। ऐसा लगा, कोई मुझे अपनी ओर बुला रहा था। मेरे पैर अपने आप उस दिशा में बढ़ रहे थे और चलते-चलते पता नहीं कैसे, मैं फिर बीहड़ तक पहुँच गया। मैंने कल्कि और देवदत्त को सामने खड़ा पाया तो मुझे आश्चर्य हुआ। उस दिन मैंने कल्कि से कुछ नहीं कहा। उन्होंने स्वयं बात शुरू की।

वे बोले, “चलो, आज तुम्हें सैर पर ले चलता हूँ।” उस दिन देवदत्त की पीठ पर एक बड़ा-सा तोता भी बैठा था। पहले मुझे लगा कि टिया और जिंगू की तरह वह भी कल्कि का दोस्त होगा।

मैंने पूछा, "यह तोता कहाँ से आया?"

"तुमने इसे आज देखा है, लेकिन यह सूक्ष्म रूप में हमेशा मेरे साथ रहता है इसलिए तुम्हें नजर नहीं आता। इसका नाम शुक है। यह अतीत, वर्तमान और भविष्य—तीनों देख सकता है। यही देवदत्त को आगे का मार्ग बताता है और मुझे समय-समय पर अतीत एवं भविष्य की आवश्यक जानकारी देता रहता है। चलो, चलते हैं।"

मैं घर पर बाहर से ताला लगाकर आया था। मुझे डर था कि हमें लौटने में देर हो गई और पीछे से गरिमा या राहुल की नींद खुल गई तो मुझे घर पर न पाकर दोनों परेशान हो जाएँगे।

"चिंता मत करो, हम जल्द लौट आएँगे!" कल्कि ने ऐसे कहा, मानो उन्होंने मेरी दुविधा को भाँप लिया था। उनके ऐसा कहते ही देवदत्त निकट आ गया। फिर कल्कि ने मुझे सहारा देकर अपने साथ घोड़े पर बैठा लिया। शुक उड़ा और कल्कि के बाएँ कंधे पर बैठ गया। देवदत्त चलने के लिए तैयार था।

कल्कि का संकेत पाते ही देवदत्त मुड़ा और बीहड़ के अंदर प्रवेश कर गया। वह सरपट दौड़ रहा था। मेरा बीहड़ के पास कई महीनों से आना-जाना हो रहा था लेकिन मैंने कभी उसके भीतर जाने का साहस नहीं किया। आज पहली बार मैंने कल्कि के साथ बीहड़ में प्रवेश किया था। मैंने बहुत कोशिश की, लेकिन मुझे अंधकार के सिवाय कुछ नहीं दिखा। पता नहीं, उस अँधेरे में देवदत्त कैसे रास्ता देख रहा था। शायद कल्कि ने अपना रहने का स्थान गुप्त रखने के लिए वहाँ अंधकार किया हो। कल्कि यदि संसार को सही रास्ता दिखा सकते हैं तो अपने रहने का स्थान किसी से छिपाना उनके लिए कौन-सी बड़ी बात है!

मैं यह सोच रहा था कि तभी देवदत्त ने हवा में उड़ान भरी और मेरे देखते-देखते वह वायु की गति से आकाश को चीरता हुआ आगे बढ़ गया। वह मेरे जीवन की सबसे रोमांचक यात्रा थी। तभी शुक उड़ा और देवदत्त के कान में कुछ बोला। शायद वह उसे आगे का रास्ता बता रहा था। देवदत्त की गति इतनी तेज थी कि मुझे लगा, मैं गिर जाऊँगा।

"आप मुझे कहाँ ले जा रहे हैं?" मैंने कल्कि से डरते हुए पूछा।

कल्कि ने इसका उत्तर नहीं दिया। उन्होंने पूरे रास्ते में कोई बात नहीं की। मैं तरह-तरह के अनुमान लगाता रहा। पहले मुझे लगा कि कल्कि, मुझे अपनी प्रयोगशाला दिखाने ले जाएँगे, फिर लगा कि वे मुझे म्यूटा वायरस से हुई तबाही

के दृश्य दिखाएँगे। तभी हम एक सुरंग में प्रवेश कर गए। उसके भीतर बहुत अँधेरा था। मैंने देखने की कोशिश की, लेकिन आसपास कुछ दिखाई नहीं दिया। कुछ देर बाद देवदत्त की गति धीमी हुई तो सामने से रोशनी दिखाई पड़ी। देवदत्त धीरे-धीरे नीचे उतर रहा था। यह जगह शायद भारत से बाहर पश्चिम में थी, क्योंकि मैं कल्कि के साथ रात्रि के अंधकार में निकला था, लेकिन यहाँ शाम का समय था और सूरज ढलने में कुछ समय बाकी था। पश्चिमी देश भारतीय समय से कुछ घंटे पीछे चलते हैं।

मेरी नजर एक इमारत पर पड़ी। वह दरअसल, एक बहुत बड़ा अस्पताल था। उसके आसपास भारी भीड़ थी। हजारों की संख्या में लोग अस्पताल के बाहर जमा थे। चारों तरफ भगदड़ मची थी। लोग अपने-अपने बीमार रिश्तेदारों और दोस्तों को लेकर पहुँच रहे थे। सबके चेहरों पर मास्क थे। लोग एक-दूसरे से दूर रहने का प्रयास कर रहे थे। लेकिन भीड़ के कारण उचित दूरी नहीं बन पा रही थी। अस्पताल में घुसने की कोशिश में एक व्यक्ति दूसरे पर चढ़ा जा रहा था। हर कोई वहाँ लाचार था! यहाँ तक कि डॉक्टर और नर्स भी असहाय दिख रहे थे। किसी के मुँह से खून तो किसी से बलगम की लार गिर रही थी। यह निश्चित तौर पर किसी भयंकर बीमारी का ही दृश्य था। फिलहाल, यह कहना मुश्किल था कि वे सब म्यूविड-20 के मरीज थे या किसी अन्य बीमारी ने उन्हें घेर लिया था।

हम जैसे-जैसे आगे बढ़े, मैंने देखा कि केवल अस्पताल के सामने ही नहीं, बल्कि सड़कों पर, घरों और मैदानों में सब तरफ मौत एवं बीमारी का तांडव था। कई जगहों पर सड़क के किनारे लोगों के शव पड़े थे और कोई उन्हें उठानेवाला तक नहीं था, क्योंकि उन मृतकों के परिजन स्वयं रोगी थे और मौत से संघर्ष कर रहे थे।

मैंने कल्कि से कहा, "यह कौन-सी जगह है? और यहाँ क्या हो रहा है?"

"यह भविष्य में होने वाली तबाही का दृश्य है!" कल्कि के इस उत्तर ने मुझे दुविधा में डाल दिया।

"होने वाली तबाही? मैं कुछ समझा नहीं।" मैंने कहा।

"बस, देखते जाओ!" कल्कि ने केवल इतना ही कहा और देवदत्त को आगे चलने का संकेत कर दिया। देवदत्त ने दिशा बदली और वह पूर्व की ओर मुड़ गया। मैं पूरे रास्ते कष्ट, बीमारी और दुःख से भरे दृश्य देखता रहा। मैंने मार्ग में बड़े-बड़े मैदान देखे, जिन्हें कब्रिस्तान में बदल दिया गया था। सरकार को जहाँ

जगह मिलती, वह मृतकों की अंत्येष्टि की व्यवस्था कर देती थी। आगे कहीं पर लाशों का सामूहिक दाह-संस्कार हो रहा था। ढलती शाम के समय काला होता आकाश असंख्य चिताओं से उठ रही आग की लपटों से प्रकाशित हो रहा था। वहाँ से और आगे बढ़े तो मृतकों को सामूहिक रूप से दफनाने का काम चल रहा था। खुले मैदानों को पूरा खोद दिया गया था। उनमें लाशों को डालकर उन्हें मिट्टी से ढका जा रहा था। दिल दहला देनेवाले वे दृश्य पता नहीं किस देश के थे!

हालाँकि म्यूटा वायरस का प्रभाव कम भयावह नहीं था, लेकिन कल्कि ने मुझे जो दृश्य दिखाए, उनके सामने म्यूटा वायरस से हुई तबाही बहुत हलकी लग रही थी। कल्कि ने मेरी किसी बात का उत्तर नहीं दिया। मैं उनसे पूछता भी तो क्या! मेरे पास त्रासदी भरे उन दृश्यों को देखने के सिवा कोई रास्ता नहीं था।

फिर मैंने कुछ सोचकर कल्कि से कहा, "कुछ तो बताइए! आपका इस तरह बिना कुछ बोले यह दृश्य दिखाना मुझे अच्छा नहीं लग रहा। मुझे घबराहट हो रही है। मुझे घर ले चलिए!" मेरी यह चाल कामयाब रही।

कल्कि चिढ़कर बोले, "मनुष्य सचमुच अजीब प्राणी है। वह धरती से हजारों फीट ऊपर हवाईजहाज में सफर करते हुए एक अनजान पायलट पर भरोसा करके चैन से सो जाता है, लेकिन जिसने यह धरती और आकाश बनाए, उसके दिए आश्वासन पर मनुष्य को भरोसा नहीं है!"

मुझे कल्कि का कटाक्ष सुनकर बुरा लगा। लेकिन उनकी बात सही थी। मैंने चुप रहना उचित समझा।

"मैं तुम्हें एक और दृश्य दिखाना चाहता हूँ और फिर हम वापस चलेंगे," कल्कि ने कहा। फिर उन्होंने अपने कंधे पर बैठे शुक के सिर पर हाथ फेरा। वह उड़ा और देवदत्त के कान में कुछ कहकर फिर कल्कि के कंधे पर बैठ गया। देवदत्त ने अपनी दिशा बदली और इस बार वह उत्तर की ओर चल पड़ा।

कुछ देर बाद कल्कि ने देवदत्त की गरदन पर थपकी दी तो उसकी गति इतनी धीमी हो गई कि वह लगभग रुक गया। लेकिन इस बार वह नीचे नहीं उतरा। मैंने पूछा, "यह नीचे क्यों नहीं उतरता?"

"नीचे का दृश्य यहीं से देख लो," कल्कि ने कहा। "ज्यादा नीचे उतरे तो तुम सहन नहीं कर पाओगे।"

"नीचे ऐसा क्या है?" मैंने यह कहते हुए ज्यों ही नीचे झाँका तो मेरा सिर घूमने लगा। मैं सचमुच गिरने वाला था, लेकिन कल्कि ने मेरा हाथ पकड़ लिया।

उन्हें पता था कि मुझ पर क्या बीतेगी।

नीचे एक नदी बह रही थी, लेकिन उसमें पानी कम और लाशें अधिक तैर रही थीं। वह कोई विशाल नदी थी। उसका पाट बहुत चौड़ा था। फिर भी शवों ने उसके तेज जल-प्रवाह को अवरुद्ध कर दिया था।

"नदी में लाशें कहाँ से आईं?" मैंने पूछा, "मैंने ऐसा दृश्य पहली बार देखा है। ये किसके शव हैं?"

"ये भी बीमारी से मरे लोगों के शव हैं। ये सब रोगी थे, जैसे तुमने सड़कों और अस्पतालों के सामने देखे थे," कल्कि ने जवाब दिया।

"लेकिन इनके शव नदी में··· ?" मैंने पूछा।

"बाहर मैदानों की दशा तो तुम देख ही चुके हो," कल्कि बोले। "किसी को दफनाने के लिए जगह नहीं मिली तो किसी को जलाने की लकड़ियाँ कम पड़ गईं, इसलिए इनके परिजनों ने मजबूरी में इनके शव नदी में बहा दिए। हम यहाँ से और नीचे उतरे तो तुम सड़ी-गली लाशों की दुर्गंध सहन नहीं कर सकोगे। इसीलिए मैंने देवदत्त को ऊपर रोक लिया है।"

"यह···यह कैसे हो सकता है? कोई अपनों के साथ ऐसा कैसे कर सकता है?"

"मरने से पहले जिसे हम भाई, बेटा, माता-पिता या पति-पत्नी कहते हैं, प्राण निकलते ही वह केवल 'शव' हो जाता है, जिसका अंतिम संस्कार करने की सबको जल्दी रहती है। यही इस नश्वर संसार की माया है और यही इसका सनातन सत्य है," कल्कि ने कटु सत्य कह दिया था। "संसार के संबंध केवल संसार में रहने तक रहते हैं!"

शवों से भरी नदी देखने के बाद मुझमें और हिम्मत बाकी नहीं थी। "मुझे कुछ नहीं देखना!" मैंने कल्कि से कहा, "मुझे अपने घर जाना है। मुझे गरिमा और राहुल से मिलना है।"

"तुम्हें कुछ और दिखाना अब बाकी नहीं है," कल्कि ने कहा। "हम वापस घर चल रहे हैं।"

"परंतु आपने मुझे यह नहीं बताया कि ये सब किस रोग से ग्रस्त थे?" मैंने जोर देकर पूछा।

"गौरव, तुमने जो कुछ देखा, वह वर्तमान नहीं, बल्कि भविष्य की तसवीर थी!"

"मैं समझा नहीं! भविष्य की तसवीर?" मैंने हैरानी से नीचे देखकर कहा। लेकिन इतनी-सी देर में नीचे का दृश्य बदल चुका था।

रात का समय था। ध्यान से देखने पर पता लगा कि कल्कि ने पलक झपकते ही मुझे घर पहुँचा दिया था। मैं देवदत्त से नीचे उतरा तो देखा कि घर पर ताला लटक रहा था। एक पल के लिए मैं भूल गया कि मैं स्वयं ही ताला लगाकर घूमने निकला था। मैंने जेब में हाथ डाला तो चाबी मिल गई। मैंने ताला खोला। मैं सोचने लगा, कल्कि किस भविष्य की बात कर रहे हैं? क्या हम 'टाइम-ट्रैवल' करके भविष्य में गए थे? इससे पहले कि मैं कल्कि से कुछ पूछता, उन्होंने मुझसे सवाल कर दिया।

"गौरव, तुम रोज मुझसे प्रश्न पूछते हो। क्या मैं तुमसे एक प्रश्न पूछ सकता हूँ?"

मुझे यह सुनकर हैरानी हुई, लेकिन अच्छा भी लगा। "पूछिए!"

"यदि आज तुम्हारा घर भूकंप में नष्ट हो जाए या तुम्हारा कोई अपना तुम्हें छोड़कर चला जाए तो क्या तुम अब भी इसके लिए ईश्वर को दोषी मानोगे?"

मैं कल्कि का यह प्रश्न सुनकर घबरा गया। मैं पहले ही बहुत कुछ खो चुका था। एक और भूकंप या किसी नई त्रासदी को सहने की हिम्मत मुझमें नहीं थी।

मैंने उत्तर दिया, "आपसे मिलने से पहले मैं शायद यही सोचता कि मेरी तबाही के लिए ईश्वर जिम्मेदार है, लेकिन इतने दिनों में आपसे बातचीत करके मेरा दृष्टिकोण बदल चुका है। मैं समझ गया हूँ कि आपदाएँ और जीवन के संकट, जिन्हें हम प्रकृति अथवा ईश्वर की देन समझते हैं, वास्तव में मनुष्य की गतिविधियों और व्यक्ति के अपने कर्मों का परिणाम हैं। इसलिए भगवान् के अस्तित्व और उनकी न्याय-व्यवस्था पर प्रश्न उठाना मूर्खता है। परंतु आपने यह प्रश्न क्यों पूछा?"

"कल्कि ने मुसकराते हुए कहा, "मुझे खुशी है कि मैं तुम्हें अपनी बात समझा पाया हूँ। मुझे लगता है कि अब तुम लोगों तक मेरा दृष्टिकोण पहुँचाने के लिए तैयार हो।"

"परंतु आपने तो मुझे अपने बारे में किसी को कहने से मना किया था। फिर मैं आपका दृष्टिकोण लोगों तक कैसे पहुँचा सकता हूँ?" मैंने मौके पर सही सवाल पूछ लिया।

कल्कि मुसकराए और बोले, "मैंने तुम्हें आज तक कुछ कहने से इसलिए रोक रखा था, क्योंकि तुम इसके लिए तैयार नहीं थे। तुम जब तक स्वयं मेरे और

प्रकृति के काम करने के तरीकों से आश्वस्त नहीं होते और यह नहीं समझ लेते कि अलौकिक एवं प्राकृतिक शक्तियों के सामने मनुष्य की हैसियत तिनके जितनी भी नहीं है, तब तक तुम इस सत्य को किसी दूसरे को कैसे समझा सकोगे?" कल्कि ने अपना मंतव्य स्पष्ट करते हुए कहा।

"तो क्या मैं आपके बारे में लोगों से बात कर सकता हूँ?" मैंने खुश होकर पूछा।

"अभी नहीं!" कल्कि ने कहा, "लेकिन तुम्हें जल्द ही एक संकेत मिलेगा। उसकी प्रतीक्षा करो। और हाँ, यह हमारी आखिरी मुलाकात है, इसलिए अब बीहड़ की ओर मत जाना, क्योंकि मैं यह जगह छोड़कर जा रहा हूँ। लेकिन मैं अपने मित्रों को कभी अकेला नहीं छोड़ता। इसलिए तुम्हें भरोसा दिलाता हूँ कि तुम्हें जल्द ही मेरा संदेश मिलेगा।"

"आखिरी मुलाकात!" मुझे विश्वास नहीं हुआ। कल्कि से अभी कितना कुछ कहना और पूछना बाकी था।

"गौरव, इनसान का मन बहुत चंचल है। इसकी सतह तालाब की तरह है, जिसमें हवा के चलने से भी प्रश्न रूपी तरंगें उठने लगती हैं। मैं तुम्हारे सारे सवालों का समाधान नहीं कर सकता, लेकिन कुछ ऐसा जरूर कर सकता हूँ, जिससे तुम्हारा उद्विग्न मन शांत हो जाएगा।" यह कहकर कल्कि देवदत्त से नीचे उतरे और उन्होंने मुझे गले लगा लिया।

उस एक पल में मुझे लगा, मेरे मन में उठ रही सब दुविधाएँ, सारे प्रश्न, समस्त शंकाएँ घुलकर कल्कि में विलीन हो गईं। कल्कि मुझसे दूर हुए तो मेरे मन में कोई सवाल बाकी न था। वह मुसकराए और देवदत्त पर बैठकर शुक के साथ बीहड़ में ओझल हो गए।

□

14

लैटर फ्रॉम गॉड

कल्कि से मिले काफी समय बीत चुका है, लेकिन आपको यह जानकर आश्चर्य होगा कि उनसे हुई आखिरी मुलाकात के बाद मेरा मन अभी तक शांत है। उनके बनाए म्यूटा वायरस से संक्रमित लोग आज भी दुनिया के हर देश में कहीं कम, कहीं अधिक संख्या में मौजूद हैं। मुझे याद आया कि कल्कि ने अपना एक संदेश भेजने की बात कही थी।

फिर एक दिन सुबह मैंने जैसे ही अखबार उठाया, मेरे आश्चर्य की सीमा न रही। अखबार की हेडलाइन ने मुझे भीतर तक झकझोर दिया—"लैटर फ्रॉम गॉड!"

यह विचित्र, किंतु रोचक खबर थी। मैंने झटपट चश्मा लगाया और उसे पढ़ा। उसमें लिखा था कि 'द यूनाइटेड कंट्रीज' (यू.सी.) के मुख्यालय को एक ई-मेल मिला है। उन्होंने साइबर टीम के साथ मिलकर बहुत कोशिश की, किंतु वह ई-मेल भेजनेवाले का पता नहीं लगा पाए। सभी महत्त्वपूर्ण और संवेदनशील काम करनेवाली संस्थाओं में प्रतिदिन ऐसे दर्जनों संदिग्ध और अज्ञात ई-मेल आते हैं, फिर उनकी जाँच की जाती है। कुछ केवल मजाक के लिए भेजे गए होते हैं और कुछ में झूठी अफवाहें भी होती हैं। आज तकनीक इतनी विकसित हो चुकी है कि सभी ई-मेल भेजनेवालों को खोज लिया जाता है और उन पर नियमों के अनुसार कार्रवाई होती है। लेकिन यह शायद पहला मौका था, जब यू.सी. जैसी अंतरराष्ट्रीय और विकसित संस्था भी उस ई-मेल भेजनेवाले को नहीं खोज सकी। मजे की बात यह थी कि यू.सी. के हवाले से सभी अखबारों ने उस ई-मेल को ज्यों-का-त्यों प्रकाशित कर दिया था। लीजिए, आप भी वह ई-मेल पढ़िए—

"पिछले हजारों वर्षों से मनुष्य प्राकृतिक आपदाओं, जैसे—बाढ़, सूखा, भूकंप आदि से जूझता और उन्हें सहन करता आया है। हालाँकि ये कठिनाइयाँ प्राकृतिक होते हुए भी पूरी तरह प्रकृति की देन नहीं हैं। इनमें इनसानी गतिविधियों का भरपूर योगदान है। वैज्ञानिक इस बात को खूब

समझते हैं कि समाज के कुछ लोगों की अंधाधुंध गलतियों की सजा पूरा समाज भुगत रहा है। यही दुःख क्या कम थे कि इनसान ने फिर युद्ध और महामारियों को भी न्यौता दे दिया। दो शताब्दी पहले तक, जब विज्ञान उन्नत नहीं था तो, महामारियों को दैवी प्रकोप माना जाता था। लेकिन चिकित्सा-विज्ञान ने तरक्की करके उनके कारणों को जाना, उनका इलाज खोजा और कुछ हद तक उन पर लगाम भी लगाई। लेकिन इतना कुछ हो जाने पर भी दुनियावालों के मन में ब्लैक डेथ, स्पेनिश फीवर और म्यूविड-20 जैसी भयानक व जानलेवा महामारियों का भय कायम है। इससे पता लगता है कि विज्ञान कितना भी विकसित हो जाए, उसका सामर्थ्य सीमित है और वह प्रकृति की शक्ति के सामने कहीं नहीं ठहरता।

"वैज्ञानिकों ने तरह-तरह की तकनीकें और दवाएँ बना ली हैं, जिनसे संक्रमण फैलानेवाले बैक्टीरिया और वायरस पर काबू पाना आसान हो गया है। लेकिन केवल इतना कर लेने से इनसान अपनी जिम्मेदारी से मुक्त नहीं हो जाता। मनुष्य की अधिकतर समस्याओं की जड़ बढ़ती जनसंख्या है। इसके अलावा, मनुष्य का विनाशकारी गतिविधियों के प्रति रुझान भी अनेक बड़ी गलतियों में से एक है। मनुष्य को स्वीकार करना होगा कि मानवता पर अतीत में आई विपत्तियों और भविष्य में आनेवाले संकटों के लिए वह स्वयं जिम्मेदार है।

"मैं मानता हूँ कि विकास और प्रगति के लिए विज्ञान बहुत आवश्यक है। मैं स्वयं एक वैज्ञानिक हूँ। मेरी भी अपनी प्रयोगशाला है, जिसमें मैं तरह-तरह के प्रयोग करता हूँ। परंतु प्रयोगशालाएँ जीवन को बेहतर बनाने के उद्देश्य से स्थापित की जाती हैं। प्रकृति या प्राणि-जगत् को क्षति पहुँचाने के लिए विज्ञान का प्रयोग करना, क्लोनिंग द्वारा नया जीवन बनाना अपराध ही नहीं, बल्कि पाप है, जिसके लिए इनसान को क्षमा नहीं किया जा सकता। चौदहवीं शताब्दी में फैली ब्लैक डेथ बीमारी में दुनिया के 10 करोड़ से ज्यादा लोग मारे गए थे। उस समय विज्ञान की पाँखें नहीं खुली थीं और लोगों ने उस बीमारी को दैवी प्रकोप मानकर चुपचाप स्वीकार कर लिया था। आज हम इक्कीसवीं सदी में हैं, लेकिन आज भी तो विज्ञान असहाय ही है! इतने साल बाद भी दुनिया म्यूविड-

20 से जूझ रही है। इनसान को याद रखना चाहिए कि वह कितना भी बड़ा और ताकतवर हो जाए, वह कितने ही नए वायरस और जैविक हथियार तैयार कर ले, कितने भी एंटीबायोटिक विकसित कर ले, लेकिन ईश्वर की प्रयोगशाला में बने वायरस का तोड़ उसे नहीं मिलेगा!"

अखबार में छपे ई-मेल का इतना हिस्सा पढ़कर ही मुझे यह रहस्य समझ में आ गया था। भाषा-शैली और उसमें लिखी बातें हू-ब-हू कल्कि की विचारधारा से मेल खाती थीं। ई-मेल भेजनेवाले का पता न मिल पाना भी उस ई-मेल में कल्कि का हाथ होने की संभावना की ओर इशारा करता था। मैं इनसान को लिखे इस खुले पत्र के लिए कल्कि की जितनी प्रशंसा करूँ, कम है। मैं दो पल रुककर मुसकराया, फिर मैंने आगे पढ़ना शुरू किया—

"लोग कहते हैं कि युद्ध के बिना शांति संभव नहीं है। लेकिन इनसान ने क्या कभी युद्ध से मिली शांति की कीमत का हिसाब लगाया है? आज से कुछ दशक पहले तक दुनिया में होनेवाले युद्ध में 5 से 10 करोड़ लोगों की मौत हो जाती थी। आज यह आँकड़ा कम हुआ है, लेकिन इसका अर्थ यह नहीं है कि इनसान की हिंसक प्रवृत्ति में कमी आई है। आँकड़े कम होने का मतलब केवल इतना है कि मनुष्य अब युद्ध में बंदूक और हवाई हमलों का प्रयोग नहीं करता। उसने इन हथियारों से कम खर्चीला और अधिक घातक तरीका खोज निकाला है। भविष्य में होनेवाले युद्ध जैविक और रासायनिक युद्ध होंगे एवं उनमें कंप्यूटर और संचार तकनीक का उपयोग किया जाएगा। आप इसे अपनी भाषा में 'बायोलॉजिकल' और 'साइबर वॉर' कह सकते हैं।

"प्रकृति स्थिर नहीं रहती। उसमें परिवर्तन होता रहता है। यदि इनसान प्रकृति के साथ छेड़छाड़ न करे तो प्रकृति भी मनुष्य को क्षति नहीं पहुँचाएगी। लेकिन इनसान शांत नहीं बैठ पाता। वह प्रकृति के आँचल में बैठ उसी के साथ नित नई खुराफातें करता है। यही कारण है कि फिर प्रकृति का कोप बरसता है। प्रकृति को शांत रखना है तो इनसान को शांत रहना सीखना होगा। प्रगति करना समस्या पैदा नहीं करता। परेशानी यह है कि प्रगति के साथ नई और खतरनाक महत्त्वाकांक्षाएँ जन्म लेती हैं। भूख, बीमारी और संघर्ष को दूर करना अच्छी बात है, परंतु क्लोनिंग से नया जीवन तैयार करना या मृत्यु को अपने अधीन करके अमर बनने की कोशिश करना इनसानी शौक की वे हदें हैं, जिन्हें प्रकृति स्वीकार नहीं कर सकती। इसलिए

मनुष्य जब–जब ईश्वर बनने या उसके कार्यों को अपने हाथ में लेने की चेष्टा करेगा, तब–तब इन प्रयासों को रोकने के लिए कोई शक्ति 'अवतार' का रूप लेकर आती रहेगी।

"संसार में अधिकतर लोग ऐसे हैं, जिन्हें यहाँ हो रहा विनाश दिखाई तो देता है, लेकिन वे चुप रहते हैं। उन्हें लगता है कि आंदोलन और प्रदर्शन करने के लिए दूसरे लोग हैं। वे आराम से अपने ए.सी. कमरों में बैठ चाय–बिस्कुट खाते हुए टी.वी. पर चल रही बहस का आनंद लेते हैं। मैं उन्हें भी सावधान करना चाहता हूँ कि आज आपके पड़ोसी का घर जल रहा है तो कल इसकी आँच आपके घर तक भी पहुँचेगी। समाज के दुष्कर्मों का फल पूरा समाज भोगता है। इसलिए आराम से मत बैठिए। अपने आसपास देखिए और सोचिए कि यह विध्वंस कैसे रोका जा सकता है। कल क्या होगा, इसकी भविष्यवाणी कोई नहीं कर सकता। कोई यह नहीं बता सकता कि आपका आनेवाला कल कितना सुरक्षित है। लेकिन यह समझना रॉकेट साइंस नहीं है कि आपका वर्तमान ही भविष्य का निर्माण करता है। आज का दिन ठीक से बिता सकेंगे, तभी कल की सुबह देखने की संभावना बनेगी। यदि आज ही सब खत्म हो गया तो अगले दिन की उम्मीद रखना मूर्खता के अलावा कुछ नहीं है!

"यदि मैं आपसे पूछूँ कि क्या आपने ये बातें पहले भी सुनी व पढ़ी हैं? और आपका उत्तर 'हाँ' है तो मामला और भी गंभीर है, क्योंकि इससे पता लगता है कि आपने या तो अभी तक सिर पर मँडराते खतरे को देखा नहीं है या फिर आप देखकर उसकी अनदेखी कर रहे हैं। दोनों ही स्थितियाँ खतरनाक हैं। आपको लग रहा होगा कि यह कोरा उपदेश है और आप जो कर रहे हैं, उसे जारी रख सकते हैं। यदि ऐसा है तो मेरा यह ई–मेल आपके लिए चेतावनी है। प्रकृति को अबोध मानकर उसके साथ मनमानी करना बंद कीजिए। आपको प्रयोगशालाओं और कंप्यूटर लैब्स में वैज्ञानिक शोध की आड़ में जैविक एवं रासायनिक हथियार बनाना और साइबर अपराध तुरंत रोकना होगा।

"धरती के संसाधनों का शोषण करने के बाद इनसान के पाँव अब ब्रह्मांड की ओर चल पड़े हैं। वह पृथ्वी पर जीवन को नष्ट करके अन्य ग्रहों पर जीवन खोजने निकला है। यह ऐसा है, मानो व्यक्ति अपने वृद्ध माता–पिता को बेसहारा छोड़कर बाहरी लोगों की भलाई करने निकल पड़े। पृथ्वी,

मानव और समस्त प्राणी-जगत् की माँ है, लेकिन मनुष्य ने अपनी ही माँ को विनाशकारी गतिविधियों से घायल कर दिया है। अपनी भूल समझकर पृथ्वी के घावों को भरने के बजाय वह उनकी अनदेखी कर रहा है और अब ब्रह्मांड का सीना छलनी करने की योजनाएँ बना रहा है।

"नए नक्षत्र और नई दुनियाएँ तलाशना मनुष्य का पुराना सपना रहा है। वह इस सपने को साकार करने की दिशा में लगातार आगे बढ़ता जा रहा है। लेकिन सवाल यह है कि इस यात्रा का अंत कहाँ होगा? ऐसी कौन-सी उपलब्धि है, जिसे पाकर मनुष्य के बढ़ते कदम संतुष्ट होकर थम जाएँगे? जवाब है, 'कुछ नहीं!' मृग-मरीचिकाओं से भरी यह यात्रा अनंत है। यह कभी खत्म नहीं होगी। इस मार्ग पर मिली हर उपलब्धि ने मनुष्य को विनम्र बनाने की जगह अधिक कठोर, लालची और अहंकारी बनाया है।

"आप एक रॉकेट या सैटेलाइट बनाकर उसे अंतरिक्ष में छोड़ देने को उपलब्धि मानते हैं। लेकिन इन उपलब्धियों ने आम आदमी को क्या दिया है? आपने अगर मंगल या किसी अन्य ग्रह पर पानी और जीवन खोज भी लिया तो क्या आप सबको लेकर वहाँ चले जाएँगे? क्या यह घर बदलने जितना आसान है? यदि नहीं, तो फिर यह अंधी दौड़ किसलिए? यदि आप पृथ्वी और इस पर बसे प्राणियों की भलाई के लिए काम नहीं कर सकते तो इस वैज्ञानिक तरक्की से क्या लाभ? खुद पर विश्वास होना अच्छी बात है, लेकिन आधुनिक और महत्त्वाकांक्षी मानव जाति का जरूरत से ज्यादा आत्मविश्वासी होना समूचे समाज के लिए घातक सिद्ध होगा।

"इतने वर्ष बीत जाने पर भी म्यूटा वायरस का प्रभाव जारी है। यह अलग बात है कि आपने इस वायरस के साथ जीना सीख लिया है। परंतु क्या यह आपके लिए मंथन का विषय नहीं है कि दुनिया के सारे वैज्ञानिक और डॉक्टर मिलकर एक वायरस की काट नहीं खोज पाए? आपको किस बात का घमंड है? किस योग्यता और कौशल पर आपको अहंकार है?

"मैं आपको बताना चाहता हूँ कि मैं भगवान् विष्णु का दसवाँ अवतार हूँ—कल्कि! स्पैनिश फीवर, मई और म्यूविड-20 के वायरस मैंने तैयार किए थे, लेकिन मेरा उद्देश्य किसी को मारना या इस सुंदर दुनिया को उजाड़ना अथवा सृष्टि पर प्रलय लाना नहीं है। मैं केवल मनुष्य द्वारा उत्पन्न अव्यवस्था को दूर करना चाहता हूँ। मुझे विश्वास है कि मनुष्य, जो स्वयं को भगवान् समझने लगा है, यह जान गया होगा कि ईश्वर के ज्ञान और

प्रकृति की शक्ति के सामने वह जमीन पर रेंगनेवाले कीड़े से अधिक कुछ नहीं है। यह सुनने में आपको कड़वा लगेगा, लेकिन यह सच है कि यदि इस ग्रह से कल पूरी मनुष्य जाति लुप्त हो जाए तो धरती के किसी प्राणी को रत्ती-भर फर्क नहीं पड़ेगा! मैं मनुष्य को उसकी हैसियत दिखाना चाहता था। मुझे उम्मीद है कि आप मेरी बातों को मजाक नहीं समझेंगे। आपको मेरी ताकत का अंदाजा तो इस बात से ही लग गया होगा कि इतने दिन में भी आप यह नहीं जान पाए कि यह ई-मेल कहाँ से आई और किसने भेजी है?

"एक आखिरी बात, म्यूविड-20 और उससे हुई क्षति को अगर आप अपनी गलतियों का दंड मानकर भूल-सुधार कर लेंगे तो ठीक है, अन्यथा मैं फिर आऊँगा और मेरा रूप पहले से अधिक घातक होगा!

"मैं चाहता था कि आप मेरी इस ई-मेल को घर-घर तक पहुँचाएँ क्योंकि यह किसी एक व्यक्ति, एक समाज या एक सभ्यता का मामला नहीं है, बल्कि यह पूरे विश्व से जुड़ी बात है। यह इसकी, उसकी, सबकी बात है। मैंने यहाँ रहकर इनसान को जितना समझा है, उसे देखते हुए मुझे संदेह है कि आप मेरी ई-मेल लोगों तक पहुँचाएँगे। इसलिए मैं यह काम भी स्वयं ही कर रहा हूँ।

"दुनिया में जितने भी लोग इंटरनेट का इस्तेमाल करते हैं, उन सबको मेरी यह ई-मेल उनके इनबॉक्स में मिलेगी! मुझे आपको यह बताने की जरूरत नहीं है कि इस ई-मेल का पता खोजने में समय बरबाद न करें क्योंकि मैंने इसमें जिस संचार तकनीक का प्रयोग किया है, उसे समझने और विकसित करने में आपको अभी कई वर्ष लगेंगे।"

—कल्कि

मैंने अंतिम पंक्ति पढ़ते ही तुरंत कंप्यूटर चालू किया और जैसे ही मेल इनबॉक्स खोला तो मेरा गला सूख गया। उसमें सचमुच एक ई-मेल मौजूद थी। भेजनेवाले का नाम 'कल्कि' था। फिर मैंने उस ई-मेल का विषय पढ़ा—'लैटर फ्रॉम गॉड!'

□

उपसंहार

कल्कि ने अपने होने का संकेत दे दिया था। इस बार उनका संकेत सिर्फ मुझे नहीं, बल्कि पूरी दुनिया को मिला था। मुझे अचानक कल्कि से हुई आखिरी मुलाकात याद आ गई, जिसमें उन्होंने भविष्य की तसवीर का जिक्र किया था। उस दिन वह बात अधूरी रह गई थी, लेकिन आज सोचकर लगता है कि कुछ अधूरा नहीं रहा। इसमें अब संदेह नहीं है कि कल्कि मुझे उस दिन अपने साथ भविष्य में, यानी 'टाइम-ट्रैवल' पर ले गए थे। अस्पताल में मरते मरीज, सामूहिक अंत्येष्टि और नदियों में तैरते शवों के भयावह दृश्य वास्तव में भविष्य की संभावित घटनाएँ थीं। कल्कि का आशय यह था कि यदि इनसान ने अपनी जीवन-शैली में सुधार नहीं किया तो उसका वही अंजाम होगा, जिसके दृश्य उन्होंने मुझे दिखाए थे।

मैं कल्कि की भेजी ई-मेल को बार-बार पढ़ना चाहता था, इसलिए मैंने उसका एक प्रिंट निकाल लिया। मैंने उसे फोल्डर में रखने के लिए अलमारी खोली तो एक और करिश्मा हुआ! मेरे दादाजी स्वर्गीय रमानाथ त्रिवेदी की वह अलमारी हालाँकि बहुत पुरानी थी, लेकिन वह उन्हें बहुत पसंद थी। इसलिए मैंने उसे बतौर यादगार सँभालकर रख लिया था। मैंने उस अलमारी को पहले भी दर्जनों बार खोला था, लेकिन उस दिन जब फोल्डर निकालने के लिए मैंने अलमारी खोली तो मेरी नजर एक छोटी-सी डायरी पर पड़ी, जो पता नहीं कैसे, इतने सालों तक अलमारी के किसी अँधेरे कोने में मेरी नजरों से छिपी रही।

मैंने डायरी उठाई और उसे खोलकर देखा तो मेरे आश्चर्य का ठिकाना न रहा। वह मेरे दादाजी की डायरी थी, जो उन्होंने अपने पिता यानी मेरे परदादा श्री बिंदेश्वरनाथ त्रिवेदी की मृत्यु के तुरंत बाद लिखनी शुरू की थी। मैंने उसे जैसे-जैसे पढ़ा, कल्कि की बातों का अर्थ और स्पष्ट होता गया। उस डायरी में कल्कि के साथ मेरे दादाजी रमानाथ त्रिवेदी की मुलाकातों का भी विस्तार से उल्लेख था।

फिर मुझे याद आया कि कल्कि ने एक बार कहा भी था कि वे मेरे दादा रमानाथजी से मिले थे। लेकिन वह बात, पता नहीं कैसे, अधूरी रह गई या कल्कि ने उसे जान-बूझकर अधूरा छोड़ दिया। बहरहाल, अलमारी में से अचानक दादाजी की डायरी और कल्कि की ई-मेल को जोड़कर देखा जाए तो यह मानना पड़ेगा कि ये घटनाएँ मात्र संयोग नहीं हैं।

कल्कि ने अपनी आखिरी मुलाकात में मुझसे कहा था कि वे मुझे संकेत देंगे कि मैं कब उनके विषय में लोगों को बता सकता हूँ। दादाजी की डायरी के मिलने के बाद मुझे विश्वास हो गया कि भगवान् विष्णु के दसवें अवतार कल्कि, उनके जन्म के उद्‌देश्य और त्रिवेदी परिवार से उनकी हैरतअंगेज मुलाकातों के बारे में दुनिया को बताने का समय आ गया है···

॥ इति ॥

□□□